Ruth Johnson

Drinks der Liebe

150 aphrodisisch-verführerische Rezepte

Fotografiert von Ulla Mayer-Raichle

AT Verlag

Allen Männern dieser Welt.

© 2003
AT Verlag, Aarau und München
Fotos: Ulla Mayer-Raichle, Kempten
Satz und Gestaltung: AT Verlag, Aarau
Lithos: AZ Grafische Betriebe AG, Aarau
Druck und Bindearbeiten: Kösel, Kempten
Printed in Germany

ISBN 3-85502-888-5

www.at-verlag.ch

Inhalt

Vorwort 5

Aphrodisische Zutaten von A bis Z 6
Aphrodisisch wirkende Alkoholika von A bis Z 18

Brillieren beim Mixen – Kleine Mix- und Gläserkunde 22
Die wichtigsten Zubereitungstechniken 23
Die wichtigsten Barutensilien 24
Gläser 27
Hinweise zu den Rezepten 29

Drinks mit Alkohol 31
Champagnercocktails 32
Aperitifs 42
Cocktails 52
Longdrinks und Fancy Drinks 74
Bowlen 86
Flips und Egg-Nogs 89
Pousse-Cafés 94
Warme Getränke 100
Liebeselixiere 104

Drinks ohne Alkohol 111
Kalte Getränke mit Früchten 112
Milchmixgetränke 116
Warme Getränke 119

Bezugsquellen und nützliche Adressen 124
Rezeptverzeichnis 126
Dank 128

Vorwort
Die Kunst des Verführens mit Drinks

Ich koche leidenschaftlich gerne. In Zeiten, in denen mich meine Arbeit zu sehr in Anspruch nimmt, finde ich meist keine Musse, für meinen Galan eine sinnliche Mahlzeit zuzubereiten. Was tun, um ihn trotzdem mit dem Faden der Verführung zu umgarnen?

Natürlich lade ich ihn zu einem prickelnden Champagner oder einem eleganten Rotwein und zu aphrodisischen Knabbereien ein. Und siehe, auch ohne Mahlzeit funktioniert es bestens! Wir wandern einfach mit dem Getränk vom Wohn- zum Esszimmer (falls eine Zwischenstation erwünscht ist) und schliesslich ins Schlafzimmer. Je nach Situation bereite ich für jedes Zimmer einen anderen Snack vor, der sich in wenigen Sekunden hervorzaubern und oft auch ins Liebesspiel einflechten lässt.

Mit der Zeit wünschte ich mir auch bei den Getränken etwas mehr Abwechslung. Und so kam ich aufs Mixen. Ich entdeckte, dass die Welt der Drinks so faszinierend ist wie das Leben selbst.

Zu jeder Phase des Liebeskreises gibt es einen passenden Drink: Drinks zum Hofieren, Sich-Annähern, Betören, Anregen, Erotisieren, Erregen, zum Ankurbeln, Aufgeilen, Aufrichten, Berauschen und ebenso zum Laben, Sättigen, Besänftigen, Abkühlen, Entspannen ...

Das Schönste an den Drinks ist, dass Sie nicht lange auf die gewünschte Wirkung warten müssen, bevor das sinnliche Vergnügen beginnen kann.

Die Rezepte im vorliegenden Buch habe ich für Sie, liebe Leserin, lieber Leser, kreiert, erprobt und zusammengetragen. Ich wünsche Ihnen von Herzen genauso viele vergnügliche und erotische Stunden mit Ihrem Liebsten, Ihrer Liebsten, wie ich sie beim Experimentieren mit meinem Galan erleben durfte.

Aphrodisische Zutaten von A bis Z

Aphrodisische Wirkung:
★ = gut
★ ★ = sehr gut
★ ★ ★ = fantastisch

Ananas ★
Heimisch ist die Ananas in Südamerika und Afrika. Das Fleisch und der Saft wirken harntreibend und kräftigend. Um sie als Aphrodisiakum zu verwenden, streut man Chilipulver über die Ananas oder man geniesst sie mit Honig und wenig weissem Rum.

Anis (Pimpinella anisum) ★ ★
Anis wächst im östlichen Mittelmeergebiet und in Europa. Im alten Griechenland und in Rom war Anis eines der meistgenutzten Gewürze. Er soll die Lust zum Beischlaf fördern. Verwenden Sie das Gewürz zum Parfümieren aphrodisischer Getränke.

Apfel ★
Ein Apfel war es, mit dem Eva im Paradies von der Schlange verführt wurde. Der Apfelbaum symbolisiert seit je Fruchtbarkeit und Weiblichkeit. Teilt sich eine junge Frau einen Apfel mit einem jungen Mann, wird er sie bald heiraten, sagt der Volksmund. Auf jeden Fall steht der Apfel für Verführung, Liebe und Heirat.

Aprikose ★
Diese in ihrer Form suggestiv weibliche Frucht enthält viel Eisen, Kalium, Kalzium, Magnesium und Phosphor. Sie wirkt tonisierend auf den Körper.

Artischocke ★ ★
Ob ihr Aussehen oder die Art, wie man sie am häufigsten isst, der Artischocke den Ruf als aphrodisisches Mittel eintrugen, sei dahingestellt. Die Franzosen jedenfalls sind überzeugt, dass sie die Genitalien erhitzt, und es ist unbestritten, dass sie zu den Spitzenreitern unter den Aphrodisiaka zählt.

Avocado ★ ★
Avocadobäume wachsen in den tropischen Gebieten Mittelamerikas. Die Indianer schätzen von jeher die aphrodisische Wirkung von Fruchtfleisch und Kern.

Banane ★ ★
Sowohl das Aussehen als auch das Esserlebnis sind erotisch. In Sri Lanka glaubt man, nicht der Apfel, sondern die Banane sei die Verführungsfrucht im Paradies gewesen.

Basilikum (Ocimum basilicum) ★
Das Kraut, das aus Südasien stammt, enthält ätherische Öle, Gerbstoffe und Vitamine. Wer täglich ein Blatt Tulasi *(Ocimum sanctum)*, eine den Hindus heilige Basilikumart, isst, soll neben guter Gesundheit auch ein glückliches Sexualleben haben.

Birne ★
Weich in der Form, weich im Fleisch ist sie eine Verkörperung des Weiblichen.

Cayennepfeffer ★ ★
Cayennepfeffer ist streng genommen kein Pfeffer, sondern wird aus besonders scharfen getrockneten roten Chilis *(Capsicum annuum)* gewonnen. Siehe Chili und Pfeffer.

Chili (Capsicum annuum) ★ ★
Chili ist wie Sellerie und Spargel eines der bekanntesten Aphrodisiaka. Die kleinen Schoten sind im wahrsten Sinne des Wortes «heaty» und machen auch «heiss» …

Cranberry (Vaccinium vitis-idaea) ★
Der sattrote Fruchtsaft der Preiselbeere schmeckt frisch und herb und wirkt gegen Harnweginfektionen und Blasenentzündungen. Zudem stärkt er die Sexualorgane.

Damiana (Turnera diffusa) ★ ★ ★
Dieses eher unscheinbare Kraut ist ein altes indianisches Aphrodisiakum, das heute in Kalifornien zu kommerziellen Zwecken in grossem Stil angebaut und als lustförderndes Mittel verkauft oder verarbeitet wird.

Eier ★
Das Ei ist ein uraltes Symbol für Fruchtbarkeit. Es verkörpert das Leben schlechthin.

Eisenkraut (Verbena officinalis) ★
Schon bei den alten Römern wurde Eisenkraut als Liebesmittel eingesetzt. Sie nannten es «das Glück der Venus». Den keltischen Druiden war das

Kraut heilig. Es wurde vor allem den Männern empfohlen, da es ihren
«Zauberstab» so hart wie Eisen machen soll.

Erdbeere ★
Einerseits ist es die Herzform, andererseits die verlockend rote Farbe,
die die Erdbeere in die Gefilde der erotischen Früchte emporhebt.

Feige ★ ★
Das Feigenblatt kam schon im Paradies für seinen sprichwörtlichen
Zweck zum Einsatz. Das Innere der Frucht ist vollgepackt mit Samen –
Fruchtbarkeit pur. Hildegard von Bingen rät, die Feige nur vorüber-
gehend bei Schwäche zu essen, denn sie mache gelüstig und haltlos.

Fenchel ★ ★
Im alten Rom assen die Gladiatoren, Inbegriff reiner Männlichkeit,
jeden Tag eine Ration Fenchel zur Stärkung; auch in den Feldküchen
der römischen Legionen fehlte er nie. Fenchel macht die Männer stark,
und die Frauen profitieren davon. Fenchelsprossen, unter dem Namen
Alfalfa bekannt, bergen die geballte Kraft des Fenchels. Die Italiener
unterscheiden männlichen und weiblichen Fenchel: Der männliche ist
rund und dick, knackiger und schmackhafter, zudem hat er keine lästigen
Fäden. Der weibliche ist lang gestreckt und weniger gut im Geschmack.

Fo-ti-tieng (Hydrocotyle asiatica minor) ★ ★ ★
In China verwendet man Fo-ti-tieng, auch bekannt unter den Namen
asiatischer Wasserschnabel, Gotu kola oder Elixier der Langlebigkeit, seit
über tausend Jahren als Gesundheits- und Heilmittel. In Sri Lanka essen
viele Leute täglich Fo-ti-tieng, um ihre Gesundheit zu stärken und ihr
Leben zu verlängern. Ein französischer Biochemiker entdeckte, dass der
Wasserschnabel ein Alkaloid enthält, das tatsächlich verjüngende Ei-
genschaften besitzt und die Nebennieren stimuliert. Wie Ginseng soll es
regelmässig eingenommen werden. Um eine aphrodisische Wirkung zu
erzielen, nimmt man es täglich in grösseren Mengen ein, das heisst
ungefähr 1 bis 2 Esslöffel des getrockneten Krauts. Fo-ti-tieng erhält man
in Apotheken, die auf Naturheilmittel spezialisiert sind.

Galgant (Alpinia officinarum) ★ ★
Das ingwerähnliche Gewächs ist in Südasien heimisch. In der Volksmedi-
zin wird Galgant zur Verdauungsförderung und gegen Blähungen ein-
gesetzt; ausserdem soll er zu einem zwölfmaligen Koitus befähigen. Die
Wurzel ist daher seit langem ein beliebter Zusatz zu Liebesgetränken.
Erhältlich in Asienläden.

Gewürze ★ ★
Gewürze gelten allgemein als «heaty», das heisst wärmend. Sie regen den Körper und die Sinneslust an. Schon die Nonne Hildegard von Bingen erkannte die Kalorität (Wärme, Hitze) mancher Gewürze und warnte vor ihrer Wirkung, da sie ausgelassen, gelüstig oder dumm machen. Aus demselben Grund wurde im christlichen Mittelalter ein reichlicher Genuss von Gewürzen als verwerflich angesehen.

Ginseng (Panax ginseng: koreanischer Ginseng; Panax quinquefolius: amerikanischer Ginseng) ★ ★ ★
Der sowohl in Ostasien wie in Nordamerika beheimatete Ginseng ist wohl das berühmteste und begehrteste Allheilmittel und Aphrodisiakum Asiens. Bei uns kommt Ginseng vor allem als Geriatrikum zum Einsatz. Heute wird er in Korea, China, Russland und den USA kommerziell kultiviert. Ginseng bedeutet so viel wie Menschenwurzel, weil die Wurzel wie die Alraune menschenähnliche Formen aufweist. Sieht eine Wurzel männlich aus, ist sie ein Aphrodisiakum für Männer; hat sie weibliche Formen, soll sie von Frauen genossen werden.

Granatapfel (Punica granatum) ★ ★
Der Granatapfelbaum wurde schon im Altertum im ganzen Mittelmeerraum angepflanzt. Er war der Liebesgöttin Aphrodite heilig. Der Granatapfel galt als Liebesapfel und ist Symbol der Fruchtbarkeit. In der Antike wurde die Frucht kinderlosen Frauen verschrieben. In Zypern werden heute noch Granatäpfel vor die Haustüre von frisch verheirateten Ehepaaren gelegt, um ihnen viel Nachwuchs zu wünschen. Je grösser die Anzahl der Samen, desto kinderreicher das Paar.

Grenadine ★ ★
Grenadine ist ein roter Sirup aus Granatäpfeln und natürlichen Fruchtsäften. Siehe Granatapfel.

Guarana (Paullinia cupana) ★ ★ ★
Die Guaranaliane ist im Amazonagebiet heimisch. Die Samen, auch «Früchte der Jugend» genannt, enthalten bis zu 7% einer koffeinähnlichen Verbindung, Guaranin. Guaranin macht im Gegensatz zu Koffein nicht süchtig. Zudem wirkt es milder und der Effekt hält länger an. Die Lianen werden seit Jahrhunderten von den Einwohnern gesammelt, geröstet und pulverisiert, mit Wasser zu einer dicken Paste verarbeitet, zu Stangen geformt und in der Sonne getrocknet. Die Einheimischen nehmen diese Guaranabrote als Nahrungsersatz auf die Jagd und auf Reisen mit, um zwei bis drei Tage ohne Essen auszukommen. Oft wird das

Pulver auch zu stark anregenden Getränken verarbeitet. Heutzutage wird Guarana in Plantagen kultiviert und von der Lebensmittelindustrie in Getränken, Schokolade und Schlankheitsmitteln auf den Markt gebracht. Guaranapulver ist in Apotheken mit Naturheilmitteln erhältlich.

Hagebutte (Rosa canina) ★
Die Hagebutte gehört zur Gattung der Rosen. Siehe dort.

Hanf (Cannabis sativa) ★ ★ ★
Cannabis ist eine der ältesten Kulturpflanzen der Menschheit und gehört neben Wein zu den weltweit am weitesten verbreiteten Rauschmitteln. Da es erotische Höhenflüge ermöglicht, wird es überall auf der Welt als Aphrodisiakum eingesetzt. Die Pflanze unterliegt in vielen, vor allem in den westlichen Ländern gesetzlichen Einschränkungen. In Asien und im Nahen Osten ist sie sozial akzeptiert und legal wie bei uns Alkohol. Die Pflanze wird entweder getrocknet geraucht oder gegessen.

Himbeeren ★
Die samtig-roten verlockenden Früchte werden seit alters von den Menschen kultiviert und geschätzt. Ob frisch, getrocknet, als Sirup oder Likör, Himbeeren sind ein ausgezeichnetes Stärkungsmittel und Aphrodisiakum.

Honig ★ ★
In allen Kulturen wird Honig seit vielen Jahrtausenden hoch geschätzt und als Aphrodisiakum benutzt. Honigwein, Met, wurde gerne mit Bilsenkraut versetzt als Stimulans getrunken. Bei den Indianern von Nord- und Südamerika erhielten die Säuglinge als erste, stärkende Nahrung Honig. Honig ist ein Universalmittel, das sich problemlos mit Gewürzen und Kräutern mischen lässt und so in unzähligen Liebesgetränken und -speisen Verwendung findet. In Asien glaubt man, Honig enthalte eine magische Substanz, die positiven Einfluss auf die Fruchtbarkeit der Frau und die Potenz des Mannes ausübe. Zudem soll er auch verjüngend wirken.

Ingwer (Zingiber officinarum) ★
Der in Südasien heimische Ingwer wird von jeher für medizinische und kulinarische Zwecke angebaut. In der ayurvedischen Medizin gilt er als Universalheilmittel. Die Wurzel wird sowohl frisch wie auch getrocknet verwendet. Sie ist süss, scharf, aromatisch und wärmend («heaty»). Deshalb ist Ingwer ein bekanntes und beliebtes Aphrodisiakum.

Kaffee (Coffea arabica) ★

Der Kaffeestrauch wächst in den tropischen Zonen Afrikas, Amerikas und Asiens. Früher war Kaffee ein heiliges Getränk. Heute wird er auf der ganzen Welt als stimulierendes und anregendes Mittel geschätzt. Es wird empfohlen, Kaffee für erotische Zwecke mit Kardamom und Honig zu parfümieren.

Kakao (Theobroma cacao) ★ ★

Kakao, die «Nahrung der Götter», stammt aus Mittelamerika. Bei den Azteken, Mayas und Inkas war er so wertvoll, dass die Samen als Zahlungsmittel dienten, mit dem man vor allem die Freudenmädchen entlöhnte. Die Kakaobohne war Hauptbestandteil von «Chocolatl», dem Getränk der Azteken. Kakao war bei allen Indianerstämmen ein populäres Aphrodisiakum. Aus den fermentierten, getrockneten und gerösteten Samen werden Kakaopulver und Kakaobutter und aus diesen Schokolade und andere Produkte hergestellt. Der Wirkstoff in der Kakaobohne, das Phenylethylamin, bewirkt eine ähnlich entspannte Glücksstimmung wie nach dem Liebesakt.

Kardamom (Elettaria cardamomum) ★

Kardamom, im Orient «Paradiessamen» genannt, wird dort schon seit Jahrhunderten als wertvolles Gewürz, Heilmittel und Aphrodisiakum gehandelt. Es ist in den Geschichten aus Tausendundeiner Nacht das am meisten erwähnte Gewürz. Seine ätherischen Öle wirken stimulierend, wärmend und antidepressiv.

Karotte (Daucus carota) ★

Die Karotte wird seit der Antike in Europa, Asien und Nordafrika als Gemüsepflanze angebaut. Heute ist sie auf der ganzen Welt beliebt. Rohe Karotten fördern die Fruchtbarkeit. Mit dem regelmässigen Genuss von rohen Karotten soll man sogar Sterilität besiegen können. Demzufolge wird die Karotte auch schon seit langem als Aphrodisiakum gepriesen.

Kawa-Kawa (Piper methysticum) ★ ★ ★

Der Kawa-Kawa-Strauch, auch Rauschpfeffer genannt, ist in Poynesien, auf den Sandwichinseln und in der Südsee beheimatet. Kawa-Kawa wird von den Einwohnern seit je zu religiösen, spirituellen und aphrodisischen Zwecken verwendet. Es wirkt euphorisierend, lässt warmherzige Gefühle aufkommen und sensibilisiert Körper und Geist. Erhältlich in Apotheken, die Naturheilmittel führen.

Kirschen ★
Die kleinen prallen Früchte wachsen meist als Pärchen an den Bäumen, manchmal gibt es auch einen «flotten Dreier». Lukullus, ein Kenner irdischer Genüsse, soll sie von Kleinasien nach Rom gebracht haben.

Kolanuss (Cola nitida) ★ ★
Der Kolanussbaum ist in Zentralafrika beheimatet. Die Kolanüsse (die Samen aus der Frucht) waren einst so wertvoll, dass sie als Zahlungsmittel dienten; von den Einheimischen wurden sie von jeher als Stimulans bei Erschöpfung, Hunger oder Durst und ebenso als Aphrodisiakum verwendet. Die beste Wirkung erzielt man, wenn die Nüsse gekaut werden. Eine Nuss enthält 1,25 bis 2,4 % Koffein. Extrakte werden heute Erfrischungsgetränken beigegeben.

Koriander (Coriandrum sativum) ★
Koriander stammt aus der Mittelmeerregion, wo er seit dem Altertum kultiviert wird. Heute findet er weltweit in den verschiedensten Küchen Verwendung. Koriandersamen haben ein wärmendes und würziges Aroma, die Blätter besitzen einen unverwechselbaren Geschmack. Sie sind stimulierend, tonisierend und gelten seit je als Aphrodisiakum.

Liebstöckel (Levisticum officinale) ★
Liebstöckel wird seit langem in der Küche und in der Medizin benutzt. Sowohl die Blätter wie auch die Wurzel gelten als Aphrodisiaka. (Auf Englisch heisst das Kraut nicht von ungefähr «lovage».) Die Blätter haben einen interessanten Geschmack, der an Sellerie und Hefe erinnert.

Mango ★
In Indien kultiviert man Mangos schon seit viertausend Jahren. In der hinduistischen Mythologie spielt die Mango eine wichtige Rolle. Sie wird oft Königin der Früchte oder göttliche Frucht genannt. Die hodenförmige Frucht soll Männern auf die Spünge helfen. Das Fleisch einer reifen Mango hat eine sehr sinnliche Qualität.

Melone ★
Die Melone, vor allem die Honigmelone symbolisiert weibliche Üppigkeit. Sie schmeckt herrlich süss und sinnlich weich.

Milch ★
Das Naturprodukt Milch enthält praktisch alle Stoffe, die der Körper zum Wachstum braucht, und trägt ganz allgemein zum Aufbau und Schutz der Gesundheit bei.

Minze (Mentha piperita u.a.) ★
Es gibt viele Arten von Minze. Das Kraut gedeiht wild und als Kulturpflanze. Das Menthol gibt der Minze ihren typischen Geschmack, der sowohl kühlend wie auch wärmend ist. Neben allen medizinischen Vorzügen ist die Minze auch ein Stimulans.

Muira Puama (Liriosma ovata) ★ ★ ★
Der Muira-Puama-Baum wächst im Amazonasgebiet. Schon seit Jahrhunderten werden sein Holz und seine Rinde von den Eingeborenen genutzt. Das Potenzholz wird entweder gekaut oder in Wasser oder Alkohol ausgekocht. Muira Puama enthält ein unbekanntes Harz, das sich wunderbar auf die Libido auswirkt. Erhältlich in Apotheken, die auf Naturheilmittel spezialisiert sind.

Muskatnuss (Myristica fragrans) ★ ★
Der Muskatnussbaum ist in Asien und Afrika zuhause, wird heute aber im ganzen Tropengürtel kultiviert. Er ist einer der ältesten Kulturbäume. Die Muskatnuss ist eigentlich der Samen und die Muskatblüte der Samenmantel. Sie enthalten viele ätherische Öle in unterschiedlicher Konzentration. Zwei davon sind Safrol und Myristicin, das Halluzinationen hervorrufen kann. Muskatnuss wird von jeher als Aphrodisiakum und Halluzinogen eingenommen.

Nektar ★ ★
Nach der griechischen Mythologie ist Nektar ein Unsterblichkeit verleihender Trank der Götter. Ist es nicht nahe liegend, dass ein solcher Trank ein Stärkungs- und Liebesmittel der besonderen Art ist?

Nelke (Eugenia caryophyllata oder Syzygium aromaticum) ★
Der Nelkenbaum kommt ursprünglich wie der Muskatnussbaum von den Molukken oder Gewürzinseln, einer indonesischen Inselgruppe, wird heute aber in allen tropischen Gebieten angebaut. Die Gewürznelke ist die getrocknete Blütenknospe des Baumes. Sie wurde schon im 3. Jahrhundert v. Chr. von den Chinesen importiert und als Universalheilmittel verwendet; später verbreitete sich ihr Ruf auch in anderen Ländern. Sie wurde unter anderem als Aphrodisiakum, gegen Zahnschmerzen und schlechten Atem geschätzt. Die Gewürznelke enthält das ätherische Öl Eugenol, das als Mittel gegen Impotenz dient und geburtsfördernd wirkt.

Orange (Citrus aurantium dulcis) ★
Die ursprünglich aus Südchina stammende Orange hielt erst im 12. Jahrhundert in Europa Einzug. Sie steckt voller Vitamine. Deshalb schätzen

wir sie als sofort wirkende Energiequelle. Sie vermittelt Wärme und Heiterkeit, ist also ein Aphrodisiakum der subtileren Art. Siehe auch Zitrusfrüchte.

Papaya ★
Die tropische Frucht mit ihrem sinnlichen Fruchtfleisch kurbelt nicht nur die Verdauung, sondern auch die Produktion von Sexualhormonen an, was dem Liebesleben nur förderlich sein kann.

Petersilie (Petroselinum crispum) ★ ★
Die heute weltweit verbreitete Petersilie stammt ursprünglich aus Südeuropa. Die römischen Gladiatoren sollen täglich eine Ration Petersilie als Tonikum gegessen haben, um bei Kräften zu bleiben. Im Mittelalter wurde das Kraut Liebesgetränken beigemischt. Zudem war es Bestandteil der Hexen- oder Flugsalben, die die Hexen angeblich für ihre erotischen Flugreisen auf den Besen rieben. Das für die sexuelle Stimulierung verantwortliche ätherische Öl Apiol ist in der Wurzel in höherer Konzentration enthalten als in den Blättern.

Pfeffer (Piper nigrum) ★ ★
Pfeffer ist eines der ältesten und wichtigsten Gewürze überhaupt. Die Gier der Menschen nach dem Gewürz hat die Weltgeschichte massgeblich beeinflusst. Der schwarze Pfeffer besteht aus den ganzen, unreif geernteten, ungeschälten Früchten. Der weisse Pfeffer wird aus den reifen, durch Fermentation von der äusseren Schale befreiten Früchten gewonnen. Grüne Pfefferkörner werden ebenfalls unreif geerntet, dann eingelegt oder getrocknet.
Alle Pfefferarten geniessen den Ruf, aphrodisierend zu wirken. In der ayurvedischen Medizin ist der mildere Lange Pfeffer *(Piper longum)* das wichtigste Aphrodisiakum; in Indonesien und Teilen Indiens glaubt man vor allem an die Kraft des Kubebenpfeffers *(Piper cubeba)*. Beide Pfeffersorten findet man im Reformhaus, in gut sortierten Lebensmittelabteilungen und in Apotheken mit Naturheilmitteln.

Rose ★
Die Rose stammt vermutlich aus Persien und kam im 7. Jahrhundert v. Chr. über Griechenland nach Italien. Schon in der Antike galt sie als Symbol der Liebe und als Sinnbild der Frau. Sie war der Aphrodite und der Venus heilig und hinterliess in Kunst und Literatur vielfältige Spuren. Rosenöl wurde zum ersten Mal für die Hochzeit eines persischen Kaisers hergestellt und ist seither Bestandteil der meisten Parfüms für Frauen und vieler Männerdüfte. Rosenöl und -wasser haben auch ihren festen

Platz in der Medizin. Im Orient und in Südostasien werden ausserdem viele Gebäcke und Getränke mit Rosenwasser parfümiert.

Rosmarin (Rosmarinus officinalis) ★
Bei den Griechen war Rosmarin eine vielseitige Heilpflanze, bei den Römern wurde er für Räucherungen und religiöse Riten verwendet. Er war Aphrodite und Venus geweiht. In der Mystik symbolisiert er Treue, Liebe und Unsterblichkeit. Die alten Griechen banden bei Prüfungen Rosmarinzweige in ihr Haar, um klar denken zu können. Auch gegen Vergesslichkeit wird er immer wieder eingesetzt. Für aphrodisische Zwecke ist ein Rosmarinbad empfehlenswert. Es regt die Hautdurchblutung an und hinterlässt ein angenehmes Prickeln.

Safran (Crocus sativus) ★ ★
Safran sind die Staubfäden oder Blütenstempel einer Krokusart, die von Hand gepflückt werden müssen. Dies macht ihn zum teuersten Gewürz der Welt. Schon seit über viertausend Jahren wird Safran in China, Indien und Persien als Heilpflanze, Färbemittel und Aromastoff genutzt. Im alten Griechenland nahmen ihn die Frauen ein, um ihre Libido zu steigern. In Persien sagte man ihm potenzfördernde Kraft nach. Nach Europa gelangte er durch die ersten Kreuzzüge im 11. Jahrhundert und wurde seither auch hier kultiviert.

Schokolade ★ ★
Schokolade macht die Seele weich und Zauberstäbe hart. Sie wärmt und schmilzt. Sie ist die perfekte Mischung von auserwählten Zutaten. Sie macht ganz einfach glücklich.

Sellerie (Apium graveolens) ★ ★
Sellerie ist in unseren Breitengraden wohl das bekannteste pflanzliche Aphrodisiakum und war in der Küche und als Medizin schon seit Jahrtausenden begehrt. Man fand Sellerie im Grab von Tutenchamun, und auch die Griechen und Römer benutzten ihn rege. Heute wird er weltweit als vielseitiges Gemüse geschätzt. Man kann die Wurzel, die ganze Pflanze, die Samen und die aus den Samen gezogenen Sprossen verwenden.

Sesam (Sesamum indicum) ★
Die Sesampflanze kommt ursprünglich aus Afrika. Doch schon um 2000 v. Chr. war Sesam in ganz Asien und im vorderen Orient populär. In Indien wurde er in religiösen Zeremonien gebraucht. Die Sesamsamen werden ganz belassen, gemahlen oder zu Öl verarbeitet. In der

ayurvedischen Medizin gilt Sesam als erstklassiges Verjüngungsmittel. Er wirkt allgemein stimulierend und wärmend.

Tabasco ★ ★
Ein himmlischer Scharfmacher, hergestellt aus Chilischoten, der «süchtig» machen kann.

Tomate ★
Die aus Südamerika stammende Tomate wurde von den Spaniern nach Europa gebracht. Sie galt als seltene und exklusive Delikatesse und erhielt die sprechenden Bezeichnungen Liebesapfel oder Paradiesapfel. Dazu trugen sicherlich ihr sattes Rot und ihre pralle Form bei. Besonders beliebt war die Tomate bei den Herren und den nicht sehr sittsamen Damen.

Trüffel ★ ★
Schon im antiken Rom wurde die Trüffel als Aphrodisiakum und Delikatesse hoch geschätzt. Das hat sich in den letzten zwei Jahrtausenden kaum geändert. Heute noch wissen Liebhaber dieser kostbaren Knolle den Effekt auf ihre Angebeteten zu würdigen. Wer der Trüffel verfallen ist, weiss, wovon ich rede.

Vanille (Vanilla planifolia) ★ ★
Wild wächst die Vanille nur in den Regenwäldern Zentralamerikas; kultiviert wird sie heute aber in vielen tropischen Ländern. Die Blüten müssen von Hand bestäubt werden. Die Vanilleschote oder der Vanillestengel ist die Frucht, die durch Fermentation ihr Aroma entfaltet. Den mexikanischen Indianern ist die Pflanze heilig; sie würzten ihren Kakao damit. Zudem bereiteten sie ein dickflüssiges aphrodisisches Getränk aus Vanille, gerösteten Kakaobohnen, Mais, Chili und Maticopfeffer, das süss oder gesalzen genossen wurde. Die spanischen Eroberer lernten die Vanille bei den Azteken kennen und brachten sie im 16. Jahrhundert nach Europa. Vanille ist ein beliebtes Aphrodisiakum, das ebenso besänftigend wirkt.

Wermut (Artemisia absinthium) ★ ★
Wermut wächst auf fast allen Erdteilen und galt schon seit biblischen Zeiten als Heilmittel. Das Kraut ist der griechischen Mondgöttin Artemis (im alten Rom Diana) geweiht. Auch in China und bei den Indianern, welche die Blätter rauchten, genoss die Pflanze grosses Ansehen. Absinth, ein Getränk aus Brandy, Wermut, Fenchel, Anis und Majoran, war das Modegetränk der Bohemiens des 19. Jahrhunderts. Er wurde als Quelle künstlerischer Inspiration und als Aphrodisiakum geschätzt.

Die Hauptwirkstoffe sind Absinthin, ein betäubendes Schmerzmittel, und Thujon, das psychedelisch und toxisch wirken kann. Heute ist die Herstellung von Absinth verboten. Wermut ist in Apotheken frei verkäuflich. Wermuttee oder selbst hergestellten Wermut-Brandy sollte man nicht regelmässig über längere Zeit einnehmen.

Zimt (Cinnamomum zeylanicum) ★
Zimt war schon im 3. Jahrtausend v. Chr. als Heilmittel bekannt und wurde auch seit je als Aphrodisiakum eingesetzt. Die getrocknete Rinde wird ganz oder in Pulverform für Süssspeisen, Getränke und Currygerichte verwendet. Das aus den Blättern und Zweigen gewonnene Zimtöl findet in der Parfümherstellung Verwendung. Der Duft verbreitet emotionale und erotische Wärme.

Zitrusfrüchte ★
Zitrusfrüchte sind wertvolle Vitamin-C-Spender, die ausserdem Aromastoffe, Säuren und ätherische Öle enthalten. Sie werden vielseitig eingesetzt, vor allem in der Küche, in der Medizin und neu auch als Antioxidationsmittel in der Kosmetik. Verwenden Sie Ihrer Gesundheit zuliebe wenn immer möglich frisch gepressten Saft.

Aphrodisisch wirkende Alkoholika von A bis Z

Alkohol ★ ★
Alkohol wird von jeher für Liebestränke und Verführungselixiere verwendet. In angemessenem Mass genossen wirkt er enthemmend und anregend und kann geheime Fantasien Wirklichkeit werden lassen. Doch nochmals: Entscheidend ist dabei das richtige Mass.

Amaretto ★
Italienischer Mandellikör. Die besondere erotische Wirkung kommt von den Mandeln.

Amarula ★ ★
Creamlikör, hergestellt auf der Grundlage der Früchte des im südlichen Afrika heimischen Marulabaums, von den Einwohnern Elefantenbaum genannt. Wenn die Früchte am Baum zu gären beginnen, werden die Elefanten von deren Geruch angelockt und durch ihren Genuss berauscht und liebestoll. Auch viele andere Tiere ergötzen sich an vergorenen Früchten.

Apricot Brandy ★
Aprikosenlikör. Siehe Fruchtliköre.

Anisgetränke ★
Anisgetränke (wie Pernod, Pastis oder Anisette) werden aus den Früchten der Anispflanze gewonnen. In vielen Ländern schätzt man die stimulierende Wirkung dieser Getränke. Siehe auch Anis.

Bénédictine ★
Der in einem Benediktinerkloster erfundene französische Kräuterlikör besteht aus 27 Kräutern und Gewürzen. Wirkt wärmend und balsamisch.

Brandy ★ ★
Weinbrand. Siehe Alkohol, Wein.

Cachaça ★
Brasilianisches Zuckerrohrdestillat. Siehe Alkohol.

Calvados ★ ★
Apfelbranntwein aus der Normandie (Frankreich), samtig und verlockend. Siehe Apfel.

Champagner ★ ★ ★
Dieses wunderbare Getränk wirkt enthemmend, hebt die Stimmung und ist sehr erotisierend. Er ist vornehm und verleiht jedem Anlass eine besondere Note.

Chartreuse ★
Französischer Likör, der – in einen Schleier von Mystik und Geheimnis gehüllt – aus 135 Kräutern hergestellt wird.

Cherry Brandy ★
Kirschlikör. Siehe Fruchtliköre.

Campari ★
Italienisches Bittergetränk, aus einer Vielzahl im Einzelnen geheim gehaltener Kräuter und Gewürze hergestellt, das sich in einem erotischen Rot präsentiert.

Cointreau ★ ★
Französischer Orangenlikör. Siehe Grand Marnier.

Cognac, Armanac ★ ★
Edler Weinbrand. König Heinrich IV. soll seine aphrodisierende Wirkung entdeckt haben. Bald schon tranken die Herren bei Hofe nach dem Abendessen ein Gläschen Cognac, einerseits als Digestif, andererseits als Vorbereitung auf intime Stunden mit ihren Gespielinnen.

Curaçao ★
Orangenlikör, siehe auch Grand Marnier. Er ist erhältlich in den Varianten Klar (Triple sec), Rot, Grün und Blau.

Cynar ★
Leicht bitteres Aperitifgetränk aus Artischocken (siehe dort) und Kräutern, das sehr anregend wirkt. Als Digestif genossen fördert er die Verdauung.

Drambuie ★ ★
Whisky-Honig-Likör aus Schottland, dessen Ursprung bis auf die Kelten zurückgehen soll. Der Name heisst so viel wie «Trank, der zufrieden macht». Siehe Whisky und Honig.

Dubonnet ★
Weiniger südfranzösischer Aperitiflikör, hergestellt aus hochwertigem Weisswein- und Rotweinmost.

Eiercognac ★ ★
Eine wahrhaft gelungene Kombination zweier Aphrodisiaka. Er stärkt und stimuliert.

Fruchtliköre ★
Liköre bestehen aus Alkohol, Wasser und Zucker. Alkohol in vernünftigem Mass genossen beflügelt, und durch den Zucker ist die Wirkung sofort spürbar. Die Zugabe der Früchte ist nicht nur für den Geschmack entscheidend, sondern unterstützt auch die erotisierende Wirkung (siehe bei den jeweiligen Obstsorten).

Galliano ★ ★
Italienischer Kräuterlikör in einer phallischen Flasche.

Gin ★
Getreidedestillat. Siehe Alkohol.

Grand Marnier ★ ★
Französischer Orangenlikör auf Cognacbasis. Alle Orangenliköre wie Grand Marnier, Cointreau und Curaçao gelten als Aphrodisiaka, die besonders sinnlich machen sollen. Siehe auch Orange.

Kamasutra ★
Likör mit Ginsenggeschmack. Der Name sagt schon alles! Siehe Ginseng.

Liköre ★
Liköre bestehen aus Alkohol, Wasser und Zucker. Es gibt sie in unendlicher Vielfalt: Fruchtliköre, Kräuter- und Gewürzliköre, Cassis (Likör aus schwarzen Johannisbeeren), Creamlikör, Schokoladenlikör, Kakao- und Nusslikör, Kaffeelikör, Kokoslikör, Whiskylikör, Pfefferminzlikör, Vanillelikör. Zur Wirkung siehe unter der jeweiligen Hauptzutat.

Portwein ★
Die Sonne des Südens ist in diesem Getränk eingefangen, das entspannt und zugleich anregt. Man geniesst ihn zum Aperitif, zu einem Stück Stilton (englischer Blauschimmelkäse) oder als Digestif.

Röteli ★
Bündner Spezialität, ein Likör aus schwarzen Kirschen. Siehe Fruchtliköre.

Rum ★
Zuckerrohrdestillat. Siehe Alkohol.

Sherry ★
Wie im Portwein ist auch in diesem Getränk die kraftspendende Sonne des Südens spürbar. Sherry erwärmt und beglückt.

Tequila ★
Destillat aus der Agave, einer Kaktusart. Siehe Alkohol.

Wermut ★
Aperitifweine auf Wermutbasis (z.B. Martini, Cinzano, Punt e Mès, Noilly Prat) regen nicht nur den leiblichen, sondern auch den sinnlichen Appetit an. Siehe Wermut, Seite 16.

Wein ★ ★ ★
Neben Champagner ist Wein ein altbewährtes Aphrodisiakum, das lockert und enthemmt. Die Weinrebe wurde schon vor über viertausend Jahren von den Ägyptern kultiviert. Die Griechen verehrten den Weingott Dionysos, Aphrodites Liebhaber. Bei den Römern wurde aus Dionysos Bacchus und aus Aphrodite Venus. Legendär sind die bacchantischen Gelage oder Dionysien, bei denen reichlich Wein floss und Liebe gratis und à discretion zu haben war. In der christlichen Kirche symbolisiert Wein das Blut Christi.
Zur klassischen Kunst der Verführung gehört ein sinnliches Diner und dazu ein guter Wein. Erfreulich für Frauen, dass heutzutage auch viele Männer diese Kunst entdeckt haben. Ein Mann, der für eine Frau kocht und einen schönen Wein auftischt, ist hinreissend sexy.

Whisky ★ ★
Ein wunderbar wärmendes Destillat, aus Getreide gebrannt.

Wodka ★
Aus Kartoffeln oder aus Getreide hergestellter Branntwein. Eisgkühlt, zu Kaviar serviert, einfach betörend.

Brillieren beim Mixen –
Kleine Mix- und Gläserkunde

Die wichtigsten Zubereitungstechniken

Beim Mixen von Getränken unterscheidet man verschiedene Zubereitungstechniken:

Rühren im Rührglas mit dem Barlöffel   Diese Zubereitungsart wählen Sie, wenn Sie ausschliesslich klare Zutaten verwenden. Cranberrysaft ist der einzige Fruchtsaft, der klar ist und gerührt oder geshakert wird. Auch Fruchtsirupe gelten als klare Zutaten.

Shaken im Shaker   Zu dieser Technik greifen Sie, wenn mindestens eine Zutat trüb ist, wenn Sie also Rahm, Creamliköre, Fruchtsäfte, Eigelb oder Eiweiss mixen. Diese Zutaten sind in der Regel schwerer miteinander vermischbar. Deshalb ist es wichtig, den Shaker sehr kräftig zu schütteln. Sie sollten die Zutaten jedoch auch nicht zu lange schütteln, damit der Drink durch das Eis nicht zu sehr verwässert wird. Durch Shaken entsteht ein schöner Schaum.

Mixen im Elektromixer   Dies ist die Technik der Wahl, wenn Sie einen Drink mit frischen Frucht- oder Gemüsestücken oder mit kleinen Eisstücken (Frozen Drink) zubereiten wollen.

Aufgiessen   Diese simple Zubereitungsart erfolgt direkt im Glas, aus dem getrunken wird. Auf diese Weise werden Drinks zubereitet, die normalerweise nur zwei Zutaten enthalten, wie zum Beispiel ein Gin Tonic.

Abspritzen   Dies bezeichnet das Aromatisieren eines Drinks mit Zitronen- oder Orangenschale. Waschen Sie eine unbehandelte Frucht gut ab, schneiden Sie davon ein Stück Schale (ohne das Weisse) ab und spritzen Sie, indem Sie die Schale zwischen Daumen und Zeigefinger quetschen, die darin enthaltenen ätherischen Öle über den Drink.

Die wichtigsten Barutensilien

Um beim Mixen tatsächlich zu brillieren, bedarf es einiger grundlegender Utensilien:

Shaker oder Schüttelbecher   Im Shaker werden die Zutaten zusammen mit Eis geschüttelt. Er kommt zum Einsatz, sobald mindestens eine Zutat trüb ist, das heisst wenn das Mixgetränk Fruchtsaft (Ausnahme: Tomaten- und Cranberrysaft) oder Rahm enthält. Man unterscheidet zwischen dem Boston-Shaker und dem zweiteiligen Shaker. Empfehlenswert ist der Boston-Shaker, der aus einem Chromstahl- und einem Glasteil besteht; der Glasteil kann auch als Rührglas verwendet werden. Das Fassungsvermögen des Boston-Shakers ist so bemessen, dass zwei Drinks auf einmal zubereitet werden können. Der zweiteilige Shaker besteht ganz aus Edelstahl oder Silber. Achten Sie beim Kauf eines Shakers auf die Grösse, die so sein sollte, dass Sie zwei Drinks auf einmal mixen können.

Rührglas   Ein dickwandiges, hohes Glas, in dem Sie alle Drinks mit klaren Zutaten rühren können. Am besten kaufen Sie einen Shaker und ein Rührglas, die zusammenpassen (siehe Shaker) und so gross sind, dass Sie in beiden jeweils zugleich zwei Drinkportionen mixen können.

Elektromixer   Kommt für Drinks mit Früchten oder für Frozen Drinks zum Einsatz. Da er sich neben der Zubereitung von Drinks auch für die Herstellung von Frappés (Obstmischgetränke), Suppen, Saucen und manchem anderem eignet, lohnt sich die Anschaffung.

Barsieb oder Strainer   Ein spezielles Sieb mit einer Spiralfeder, das genau in den Shaker oder das Rührglas passt. Auf diese Weise werden beim Abseihen der Drinks in die Gläser die Eiswürfel zurückbehalten.

Barlöffel   Ein langstieliger Löffel mit einem Fassungsvermögen von einem Teelöffel, also 0,5 cl oder 5 ml. Er wird zum Verrühren von klaren Zutaten mit Eis gebraucht. Zudem dient er auch als Messlöffel.

Messbecher oder Messglas Kleine, zweiseitig verwendbare Messbecher, meistens aus Edelstahl oder Silber, die auf der einen Seite 4 cl, auf der anderen 2 cl fassen. Der Messbecher wird zum Abmessen der Zutaten für die Drinks benötigt. Ersatzweise können Sie auf 2 cl bzw. auf 4 cl geeichte Schapsgläser nehmen.

Eis Halten Sie immer genug Eis auf Vorrat, sei es im Eiswürfelbehälter oder im Eiswürfelbeutel aus Plastik. Um zerstossenes Eis (crushed ice) zu erhalten, wickeln Sie die entsprechende Menge Eiswürfel in ein Küchentuch und zerkleinern Sie diese mit einem harten Gegenstand wie einem Stössel oder Hammer. Geben Sie das zerkleinerte Eis bis zur Verwendung zurück in den Tiefkühler.

Eiskübel Zum Aufbewahren von Eiswürfeln bis zur Verwendung und insbesondere dann empfehlenswert, wenn der Tiefkühler räumlich etwas weiter entfernt ist. Eiswürfel sind für die Zubereitung fast aller Drinks unerlässlich.

Eiszange oder Eisschaufel Um die Eiswürfel in den Shaker, das Rührglas oder in die Trinkgäser zu geben. Ein Esslöffel erfüllt diesen Zweck ebenso.

Ausserdem benötigen Sie:
- Schneidbrett und Früchtemesser mit Wellenschliff zum Zubereiten von Garnituren
- Flaschenöffner und Korkenzieher
- Vakuumverschlüsse für Wein- und Champagnerflaschen
- Cocktailsticks oder Zahnstocher zum Befestigen von Garnituren
- Trinkhalme in verschiedenen Farben, Längen und Durchmessern für Longdrinks
- Holzstössel zum Zerquetschen von Limetten und Minzblättern im Glas
- Zitruspresse

Gläser

Wenn Sie für sich, Ihre Liebsten und Ihre Gäste häufig verschiedenste Drinks zubereiten, lohnt sich die Anschaffung einer grösseren Auswahl an Glastypen. Sie werden dann wie ein professioneller Barkeeper beeindrucken können. Ansonsten stocken Sie Ihren Gläserschrank entsprechend Ihren eigenen Vorlieben (und jenen Ihrer/Ihres Liebsten) auf.

Wenn immer möglich kühlen Sie die Gläser im Tiefkühler oder Kühlschrank vor.

Cocktailglas   Für klassische Cocktails wie Brandy Alexander oder Dry Martini. Wenn Sie mehr oder weniger regelmässig Cocktails zubereiten, lohnt sich die Anschaffung von Cocktailgläsern auf jeden Fall. Das Trinkvergnügen erhöht sich mit einem schönen Cocktailglas um ein Vielfaches. Im Handel sind auch günstige Varianten erhältlich.

Champagnerglas oder -kelch   Für Champagner und Champagnercocktails wie Bellini oder Red Kiss.

Longdrink- oder Highballglas   Für Longdrinks und Fancy Drinks wie Gin Tonic oder Singapore Sling. (Die grundsätzliche Unterscheidung zwischen Longdrinks und Shortdrinks bezieht sich auf die Gesamtflüssigkeitsmenge, die bei Longdrinks in der Regel über, bei Shortdrinks unter etwa 8 cl beträgt.)

Fancyglas   Für Fancy Drinks und Tropical Drinks. Diese Gläser haben verschiedene fantasievolle Formen. Longdrinkgläser erfüllen den Zweck ebenso gut.

Tumbler oder Old-Fashioned-Glas   Für Cocktails und für Spirituosen «on the rocks» wie Americano oder Whisky on the rocks. Sie sind in verschiedenen Grössen erhältlich.

Bowlenglas   Für alle Bowlen. Als Ersatz können Sie Champagnerkelche oder Degustationsgläser nehmen.

Schnapsglas   Für Pousse-Cafés und einfache Schnäpse.

Degustationsglas universal Für Weiss-, Rosé- und Rotwein, Mineralwasser, Limonade, Fruchtsaft, Bowlen, Sours, Flips, heisse Drinks. Wie Sie sehen, ist dieses Glas sehr praktisch, weil es vielseitig verwendbar ist.

Hitzebeständiges Glas Für alle heissen Drinks.

Hinweise zu den Rezepten

Alle Rezepte in diesem Buch, auch die Bowlenrezepte, sind für 2 Personen berechnet.

Wenn Sie sich ganz allein mit einer sinnlichen Auszeit verwöhnen wollen, halbieren Sie die Mengenangaben. Beim Ausprobieren der Rezepte für dieses Buch war ich hie und da die einzige Testperson. Glauben Sie mir, auch einen Drink ganz für sich allein zu geniessen macht Spass!

Bei den Rezepten zeigen Ihnen jeweils grafische Symbole, welche Arbeitsutensilien und welches Glas Sie dafür benötigen.

Servieren Sie kalte Drinks immer eiskalt. Sie wissen, kalte Drinks führen zu heissen Nächten …

Lassen Sie bei der Dekoration und Garnitur der Drinks Ihre Fantasie spielen. In vielen Rezepten sind zwar Tipps zur Garnitur angegeben, Sie können diese jedoch selbstverständlich durch Ihre eigenen ersetzen. Es kann äusserst bezirzend wirken, einen opulent geschmückten Drink Stückchen für Stückchen «auszuziehen».

Dieses Buch kann, will und soll nicht ein vollständiges und umfassendes Barmixbuch sein. Es hat allein zum Ziel, Ihnen, lieber Leser, liebe Leserin, viele vergnügliche Stunden in Zweisamkeit mit einem feinen Drink zu ermöglichen.

1 cl = 0,1 dl = 10 ml
10 cl = 1 dl = 100 ml
1 Teelöffel = 0,5 cl = 5 ml

Mit einem ♥ gekennzeichnete Drinks sind Eigenkreationen der Autorin.

Drinks mit Alkohol

Champagnercocktails

Ein Champagnercocktail ist streng genommen immer ein Drink, der mit Champagner aufgefüllt wird. Mit Prosecco, Sekt oder einem anderen Schaumwein aufgegossen, nennt man das Mixgetränk Sparkling Cocktail. Champagner- oder Sparkling Cocktails passen zu sehr vielen Gelegenheiten.

Champagner ist Erotik pur. Prickelnd. Verführerisch. Wie viele Liebesgeschichten begannen wohl schon bei einem Glas Champagner? Wie viel Liebesgeflüster wurde bei einem Glas des schäumenden Goldes in das Ohr der Angebeteten gehaucht? Wie viele alles sagende Augenaufschläge hat er begleitet, wie viele Herzen zum Flattern gebracht? Nur Amor kennt die Zahl ...

Champagner regt an, enthemmt, hebt die Stimmung, erotisiert schlechthin. Mit den folgenden Rezepten haben Sie den Zauberstab zur vollkommenen Inszenierung in Ihrer Hand. Sie werden damit betören und Eindruck machen.

Ardour of Love ♥

**2 cl Labsal-Likör
(siehe Seite 108)
Champagner, kalt**

Erquickend

2 Champagnerkelche

Verteilen Sie den Likör in zwei Champagnerkelche und füllen Sie mit gekühltem Champagner auf.

Tipp Wenn Sie den Labsal-Likör durch Crème de Cassis ersetzen, haben Sie den klassischen Kir Royal.

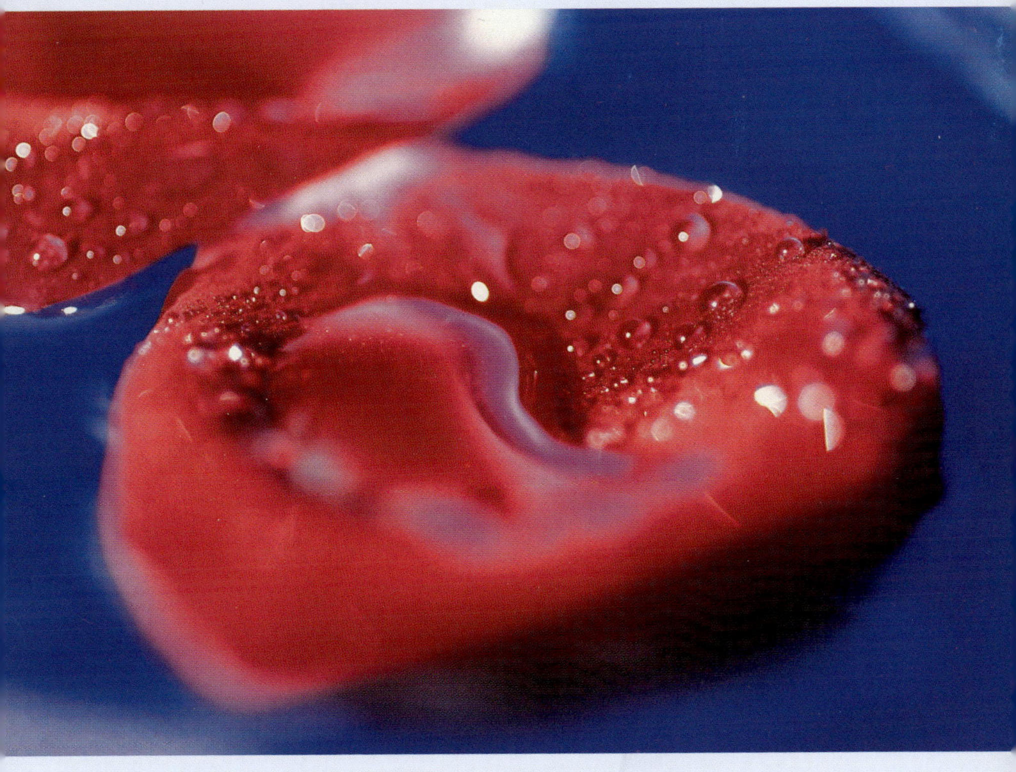

Bellini

10 cl weisses Pfirsich-
püree, eiskalt
20 cl Champagner oder
Prosecco, gut gekühlt

Erfrischend, harmonisch

2 Champagnerkelche

Geben Sie das Pfirsichpüree und den Champagner oder Prosecco in zwei vorgekühlte Champagnerkelche und rühren Sie das Ganze leicht um. Sofort servieren.

Tipps Zum Aromatisieren können Sie einen Spritzer Zitronensaft oder wenig Pfirsichlikör dazugeben. Pfirsichpüree kann man tiefgekühlt kaufen oder selbst herstellen.

Erotica ♥

4 cl Fo-ti-tieng-Elixier
oder Wodka
4 cl Maracujasaft
4 cl Ananassaft
2–4 Spritzer Angostura
Champagner oder
Prosecco

Garnitur
2 Limettenscheiben

Frisch, stimulierend

Shaker, Eiswürfel, 2 Champagnerkelche

Schütteln Sie alle Zutaten ausser dem Champagner zusammen mit Eiswürfeln im Shaker kurz und kräftig durch. Giessen Sie den Inhalt durch ein Barsieb in die vorgekühlten Champagnerkelche. Füllen Sie die Gläser mit Champagner oder Prosecco auf und garnieren Sie die Drinks mit den Limettenscheiben.

Heart-Strings

4 cl Erdbeerpüree
4 cl Kamasutra
(Ginsenglikör)
Champagner

Garnitur
2 Erdbeeren

Prickelnd, erregend

Shaker, Eiswürfel, 2 Champagnerkelche

Schütteln Sie das Erdbeerpüree und den Kamasutra zusammen mit Eiswürfeln im Shaker kurz und kräftig durch. Giessen Sie den Inhalt durch ein Barsieb in die vorgekühlten Champagnerkelche. Füllen Sie die Gläser mit Champagner und garnieren Sie die Drinks mit den Erdbeeren.

PS Diese Kreation stammt von Remo Thörig, Inhaber der Barfachschule Thörig, Zürich. Danke, Remo, für das «kribbelnde» Rezept.

Kirschmund
Fruchtig, neckisch

4 cl Kirsch
2 cl Kirschlikör
(Cherry Brandy)
Champagner, Sekt
oder Prosecco

2 Champagnerkelche

Verteilen Sie den Kirsch und den Kirschlikör in zwei Champagnerkelche und füllen Sie die Gläser mit Champagner, Sekt oder Prosecco auf.

La vie en rose
Schmeichelnd, erregend

4 cl Rosensirup
(Reformhaus)
240 ml Lambrusco-Qualitätswein, eisgekühlt
(Fachhandel)
2 Spritzer Limettensaft

Garnitur
6 Blütenblätter einer Garten- oder Wildrose in der Farbe des Weines

2 Champagnerkelche

Verteilen Sie den Rosensirup in die Champagnerkelche. Geben Sie je einen Schuss Limettensaft dazu und füllen Sie langsam mit Lambrusco auf. So bleibt ein Teil des schwerflüssigen Sirups unten im Glas und ergibt beim Austrinken einen letzten besonders süssen Schluck – die beste Voraussetzung für einen ersten betörenden Kuss. Reissen Sie die Rosenblätter unten leicht ein und setzen Sie sie so auf den Glasrand, dass sie sich aneinander lehnen.

Tipp Der Lambrusco kann durch Prosecco ersetzt werden.

PS Eine Kreation der Journalisin und Texterin Edith Zweifel. Innigen Dank, liebe Edith, für deinen Beitrag.

Pomme d'amour

4 cl Calvados
2 cl Erdbeersirup
2 cl Cointreau
Prosecco oder Champagner

Stimulierend

Shaker, Eiswürfel, 2 Champagnerkelche

Schütteln Sie alle Zutaten ausser dem Champagner zusammen mit Eiswürfeln im Shaker kurz und kräftig durch. Giessen Sie den Inhalt durch ein Barsieb in die vorgekühlten Champagnerkelche. Füllen Sie die Gläser mit Champagner oder Prosecco auf.

R*R ♥

4 cl Muira-Puama-Elixier oder Wodka
6 cl Maracujapüree
Champagner

Spritzig

Shaker, Eiswürfel, 2 Champagnerkelche

Schütteln das Muira-Puama-Elixier und das Maracujapüree zusammen mit Eiswürfeln im Shaker kurz und kräftig durch. Giessen Sie den Inhalt durch ein Barsieb in die vorgekühlten Champagnerkelche und füllen Sie die Gläser mit Champagner auf.

PS Meinem Galan *R* von Herzen.

Red Kiss

4 cl brauner Rum
4 cl Kirschlikör (Cherry Brandy)
4 cl Ananassaft
Champagner oder Prosecco

Garnitur
2 Stücke Ananas
2 Cocktailkirschen

Anregend

Shaker, Eiswürfel, 2 Champagnerkelche

Schütteln Sie alle Zutaten ausser dem Champagner zusammen mit Eiswürfeln im Shaker kurz und kräftig durch. Giessen Sie den Inhalt durch ein Barsieb in die vorgekühlten Champagnerkelche. Füllen Sie die Gläser mit Champagner oder Prosecco auf und garnieren Sie die Drinks mit den Früchten.

Red Kiss

Romance ♥

10 cl Mangopüree, eiskalt
20 cl Champagner oder Prosecco, eiskalt

Fruchtig, bekömmlich

2 Champagnerkelche

Verteilen Sie das Mangopüree und den Champagner oder Prosecco in die Champagnerkelche und rühren Sie kurz um.

Royal Wild Strawberry

6 cl Erdbeerlikör
20 cl Champagner oder Prosecco

Gefällig, stimulierend

2 Champagnerkelche

Verteilen Sie den Erdbeerlikör in die Champagnerkelche und füllen Sie die Gläser mit Champagner oder Prosecco auf.

Schlüpferstürmer ♥

4 cl Kamasutra (Ginsenglikör)
2 cl Rosensirup (Reformhaus)
1 Stück kandierter Ingwer, in Scheibchen geschnitten
Prosecco oder Champagner

Beseelend, tonisierend

2 Champagnerkelche

Verteilen Sie den Kamasutra, den Rosensirup und die Ingwerscheiben in die Champagnerkelche und füllen Sie die Gläser mit Prosecco oder Champagner auf.

PS Danke, Ignaz, für die Inspiration.

Ein zarter, vollkommener und sinnlicher Kuss, der mir ein warmes, befreiendes Gefühl gibt, ja sogar ein Gefühl des Schwebens, das nicht nur erotisch schön sein kann, sondern auch eine Art von Glück in mir auslöst.

Arsena, 19, Schülerin

Schlüpferstürmer

Wie so oft traf ich meine Freundin nach der Arbeit in einer Bar zu einem Drink. An diesem Abend trug sie einen Regenmantel, den ich schon lange nicht mehr an ihr gesehen hatte. Sie lächelte geheimnisvoll. Nach einiger Zeit nahm sie meine Hand und führte sie unter ihren Mantel. Ausser Stay-ups hatte sie weder Kleider noch Wäsche an.

Patrick, 34, Informatiker

Sea of Love

2 cl weisser Rum
4 cl Kokoslikör
4 cl Erdbeerpüree
Prosecco oder Champagner

Garnitur Erdbeeren

Exotisch, kribbelnd

Mixer, zerstossenes Eis, 2 hohe Gläser

Pürieren Sie alle Zutaten gründlich im Mixer. Giessen Sie den Inhalt in zwei vorgekühlte hohe Gläser. Geben Sie nach Belieben noch mehr zerstossenes Eis dazu und garnieren Sie die Drinks mit den Früchtestücken.

Tanti Baci ♥

4 cl Vanillelikör (siehe Seite 109) oder Bols
4 cl Curaçao blue
Champagner oder Prosecco, eisgekühlt

Lieblich

2 Champagnerkelche

Verteilen Sie die Liköre in die Kelche und füllen Sie die Gläser mit Champagner auf.

Aperitifs

Aperitifs sind appetitanregende Getränke, die in der Regel vor dem Essen genossen werden. Ob ein einfacher Wermut, Sherry oder Portwein, ein Longdrink wie Campari Soda oder ein Pre-Dinner-Cocktail, sie alle regen die Geschmacksnerven an und machen Appetit auf das Essen und vielleicht auch auf mehr ...

Der Aperitif ist wie der berühmte erste Blick. Der eine wie der andere kann über den Verlauf der Zukunft entscheiden, sei es einen unvergesslichen Abend oder den Rest des Lebens. Wenn Sie Ihren Partner, Ihre Partnerin mit einem aparten Drink überraschen möchten, werden Sie hier fündig.

Adonis

8 cl Sherry Fino
4 cl roter Wermut
2 Stück Orangenschale

Mild, appetitanregend

Rührglas, Eiswürfel, 2 Cocktailgläser

Verrühren Sie Sherry und Wermut mit Eis im Rührglas und sieben Sie den Inhalt durch ein Barsieb in zwei vorgekühlte Gläser. Spritzen Sie die Drinks mit der Orangeschale ab, bevor Sie diese in die Gläser fallen lassen.

American Beauty

4 cl Brandy
4 cl trockener Wermut
2 cl Orangensaft
2 cl Grenadine
2 Spritzer Crème de Menthe, weiss
roter Portwein zum Auffüllen

Lieblich

Shaker, Eiswürfel, 2 Cocktailgläser

Schütteln Sie alle Zutaten zusammen mit Eiswürfeln im Shaker kurz und kräftig durch. Sieben Sie den Inhalt durch ein Barsieb in die vorgekühlten Cocktailgläser. Füllen Sie die Gläser mit etwas Portwein auf.

Adonis

Campari Blossom

Campari Blossom

8 cl Campari Bitter
8 cl Orangensaft
Prosecco, Sekt oder Champagner

Würzig, erfrischend

Eiswürfel, 2 Longdrinkgläser

Verteilen Sie den Campari und den Orangensaft mit je einigen Eiswürfeln in zwei Longdrinkgläser und füllen Sie diese mit Schaumwein auf. Rühren Sie die Drinks leicht um und geben Sie je eine halbe Orangenscheibe dazu.

Campari Maracuja

8 cl Campari Bitter
Maracujanektar

Würzig-fruchtig

Eiswürfel, 2 Longdrinkgläser

Geben Sie in zwei Longdrinkgläser jeweils einige Eiswürfel und giessen Sie den Campari dazu. Füllen Sie die Drinks mit dem Maracujanektar auf und stecken Sie an den Glasrand jeweils eine Orangenscheibe.

Campari Orange

8 cl Campari Bitter
Orangensaft

Würzig, anregend

Eiswürfel, 2 Longdrinkgläser

Geben Sie in zwei Longdrinkgläser jeweils einige Eiswürfel und giessen Sie den Campari dazu. Füllen Sie die Gläser mit Orangensaft auf und garnieren Sie die Drinks mit je einer halben Orangenscheibe.

Casanova ♥

2 cl Labsal-Likör
(siehe Seite 108)
20 cl Weisswein, kalt

Einladend

2 Weissweingläser

Verteilen Sie den Likör in zwei Weissweingläser und füllen Sie mit gekühltem Weisswein auf.

Tipp Wenn Sie den Labsal-Likör durch Crème de Cassis ersetzen, erhalten Sie den klassischen Kir Cassis.

Corsage ♥

8 cl Anislikör
(Pernod oder Pastis)
2 cl Pfefferminzsirup
Ginger Ale zum Auffüllen

Tonisierend, aromatisch

Eiswürfel, 2 Longdrinkgläser

Verteilen Sie die Zutaten mit einigen Eiswürfeln in zwei Longdrinkgläser und servieren Sie zu den Drinks eiskaltes Ginger Ale.

Foreplay ♥

4 cl Campari Bitter
4 cl Kamasutra
(Ginsenglikör)
4 cl Wodka

Erregend, würzig

Eiswürfel, 2 Cocktailgläser

Verrühren Sie alle Zutaten zusammen mit Eis im Rührglas und sieben Sie den Inhalt durch ein Barsieb in zwei vorgekühlte Gläser.

Incubating Fantasy ♥

4 cl Kawa-Kawa-Elixier,
weisser Rum oder Cachaça
4 cl roter Wermut
4 cl Apricot Brandy

Appetitanregend, tonisierend

Rührglas, Eiswürfel, 2 Cocktailgläser

Verrühren Sie alle Zutaten zusammen mit Eis im Rührglas und sieben Sie den Inhalt durch ein Barsieb in zwei vorgekühlte Gläser.

Aperitifs

Foreplay

Little big Thing ♥

6 cl Damianaelixir
(siehe Seite 105)
oder weisser Rum
6 cl roter Wermut
4 cl Grenadine
2 Stück Orangenschale
Sodawasser

Leicht, aromatisch

Eiswürfel, 2 Longdrinkgläser

Geben Sie das Damianaelixir, den Wermut und die Grenadine mit Eiswürfeln in zwei Longdrinkgläser und rühren Sie um. Spritzen Sie die Drinks mit je einem Stück Orangenschale ab, bevor Sie diese in die Gläser fallen lassen. Servieren Sie das Sodawasser separat dazu.

Love-token ♥

6 cl Campari Bitter
4 cl Limettensaft
Prosecco, Sekt oder Champagner
2 Stück Orangenschale

Prickelnd, würzig

Eiswürfel, 2 grosse Champagnerkelche

Verteilen Sie Campari und Limettensaft mit je einem Eiswürfel in zwei Kelchgläser und füllen Sie diese mit Prosecco, Sekt oder Champagner auf. Spritzen Sie die Drinks mit Orangenschale ab, bevor Sie diese in die Kelche fallen lassen.

Oui ce soir ♥

8 cl Anislikör (Pernod oder Pastis)
2 cl Limettensaft

Raffiniert

Eiswürfel, 2 Longdrinkgläser

Verteilen Sie die Zutaten mit einigen Eiswürfeln in zwei Longdrinkgläser und servieren Sie zu den Drinks eiskaltes Wasser in einer Glaskaraffe.

Peach Velvet

6 cl Pfirsichlikör
2 cl Grenadine
6 cl Orangensaft
Champagner, Sekt oder Prosecco

Anregend, verführerisch

Shaker, Eiswürfel, 2 grosse Champagnerkelche

Geben Sie alle Zutaten bis und mit Orangensaft zusammen mit Eiswürfeln in den Shaker, schütteln Sie sie kräftig durch und giessen Sie den Inhalt durch das Barsieb in zwei grosse Champagnerkelche. Füllen Sie diese mit eiskaltem Champagner, Sekt oder Prosecco auf.

Turn me on ♥

8 cl Anislikör (Pernod (siehe Seite 106) oder Pastis)
2 cl Himbeersirup

Würzig

Eiswürfel, 2 kleine Tumbler

Verteilen Sie die Zutaten mit einigen Eiswürfeln in zwei Longdrinkgläser und servieren Sie zu den Drinks eiskaltes Wasser in einer Glaskaraffe.

Twilight Love ♥

4 cl Ginsengelixier (siehe Seite 106)
4 cl Apricot Brandy
4 cl Bündner Röteli
4 cl Cranberrysaft

Garnitur
2 Cocktailkirschen
2 Cocktailsticks

Verlockend, einladend

Shaker, Eiswürfel, 2 Cocktailgläser

Schütteln Sie alle Zutaten zusammen mit Eiswürfeln im Shaker kurz und kräftig durch. Giessen Sie den Inhalt durch ein Barsieb in die vorgekühlten Cocktailgläser. Garnieren Sie die Drinks mit den Cocktailkirschen.

Aperitifs

Wedding Bells

Wedding Bells

6 cl Dubonnet
6 cl Gin
3 cl Kirschlikör (Cherry Brandy)
3 cl Orangensaft

Fruchtig, anregend

Shaker, Eiswürfel, 2 Stielgläser

Schütteln Sie alle Zutaten zusammen mit Eiswürfeln im Shaker kurz und kräftig durch. Giessen Sie den Inhalt durch ein Barsieb in die vorgekühlten Stielgläser.

Mein Kollege und ich warteten auf die Fähre, die uns auf die Insel bringen sollte. Da sahen wir zwei junge Girls, die offenbar auch warteten. Wir kamen ins Gespräch. Nina gefiel mir besonders. Wir rauchten zusammen einen Joint. Die Überfahrt wurde dann zu einem sehr sinnlichen Erlebnis. Das Schaukeln des Schiffs, die laue Meeresluft, der Duft ihres Körpers. Wir schmusten, bis wir die Insel erreichten. Dann trennten sich unsere Wege.

Michi, 20, Schüler

Cocktails

Ein Cocktail ist ein Shortdrink, der mindestens zwei und maximal fünf Zutaten enthält, wovon nur eine hochprozentig ist. Die Gesamtmenge kann zwischen 4 und 7 cl, selten bis 10 cl variieren. Cocktails serviert man meistens ohne Eis im Cocktailglas. Bei allen diesen Regeln gibt es aber Ausnahmen. Cocktails werden in drei Hauptgruppen unterteilt: Pre-Dinner-Cocktails (trocken, herb, appetitanregend), After-Dinner-Cocktails (süss, lieblich, verdauungsfördernd) und All-day-Cocktails (Medium-Cocktails, geeignet für jede Tageszeit).

Die Welt der Cocktails ist grenzenlos. Sie bringen sämtliche Saiten von Liebe, Leidenschaft, Sehnsucht, Geborgenheit, Abenteuer, Schwerelosigkeit, Verlangen, Begierde, Intimität und viele andere Emotionen zum Klingen. Das Orchester bilden stimulierende Destillate, farbenfrohe Liköre, tonisierende Fruchtsäfte, balsamischer Rahm oder Kokosnussmilch. Sie, meine liebe Leserin, mein lieber Leser, sind die Dirigenten. Und natürlich wissen Sie, dass hier wie so oft das Mass entscheidend ist, damit der Genuss der Cocktails zum schönen Erlebnis wird.

Die folgende Auswahl konzentriert sich auf Cocktails mit erotischen Zutaten, die Ihnen viele leidenschaftliche Momente bescheren werden.

Alex's latest Love ♥

4 cl Southern Comfort
4 cl Vanillelikör
(siehe Seite 109)
oder Bols
4 cl Rahm

Süsslich, verlockend
After Dinner

Shaker, Eiswürfel, 2 Cocktailgläser

Schütteln Sie alle Zutaten im Shaker zusammen mit Eiswürfeln kurz und kräftig durch. Sieben Sie den Inhalt durch ein Barsieb in zwei vorgekühlte Cocktailgläser.

Alexander

4 cl Cognac
4 cl Crème de Cacao, braun
4 cl Rahm

Sahnig, lieblich
After Dinner

Shaker, Eiswürfel; 2 Cocktailgläser

Schütteln Sie alle Zutaten zusammen mit Eiswürfeln im Shaker kurz und kräftig durch. Sieben Sie den Inhalt durch ein Barsieb in zwei vorgekühlte Gläser.

Amour fou ♥

8 cl brauner Rum
2 cl Crème de Cacao, braun
2 cl Amarula
8 cl Rahm
Muskat zum Bestreuen

Sahnig, vollmundig
After Dinner

Shaker, Eiswürfel, 2 Cocktailgläser

Schütteln Sie alle Zutaten ausser dem Muskat mit Eiswürfeln im Shaker kurz und kräftig durch. Sieben Sie den Inhalt durch ein Barsieb in zwei vorgekühlte Gläser ab und bestreuen Sie die Drinks mit wenig Muskat.

Beim Orgasmus – egal, ob ich ihn mit einem Mann oder allein erlebe – spüre ich immer eine direkte Verbindung von meiner Venus zu meinem Herzen. Ich bin mir bewusst, dass der Höhepunkt neben dem beglückenden Gefühl, das er auslöst, auch ein hervorragendes Herztonikum ist. Vielleicht wäre die Menschheit glücklicher, gesünder und toleranter, wenn sich alle Menschen im täglichen Programm neben Zähneputzen oder Duschen auch Zeit für einen Orgasmus nähmen.

Daniela, 53, Ergotherapeutin

Angel Face

4 cl Gin
4 cl Calvados
4 cl Apricot Brandy

Kräftig, aromatisch
After Dinner

Rührglas, Eiswürfel, 2 Cocktailgläser

Verrühren Sie alle Zutaten zusammen mit Eiswürfeln im Rührglas. Sieben Sie den Inhalt durch ein Barsieb in zwei vorgekühlte Cocktailgläser.

B & B

4 cl Brandy
4 cl Bénédictine

Herzhaft, kräftig
Digestif, After Dinner

2 Cocktailgläser, Eiswürfel nach Belieben

Verteilen Sie den Brandy und den Bénédictine in zwei Cocktailgläser und rühren Sie um. Nach Belieben geben Sie etwas Eis dazu.

Banana Bliss

6 cl Crème de Banane
6 cl weisser Rum
4 cl Orangensaft
8 cl Rahm
2 Spritzer Angostura

Fruchtig
All Day, After Dinner

Shaker, Eiswürfel, 2 Cocktailschalen

Garnitur
2 Stück Banane
2 Cocktailkirschen
2 Cocktailspiesse

Schütteln Sie alle Zutaten zusammen mit Eiswürfeln im Shaker kurz und kräftig durch. Sieben Sie den Inhalt durch ein Barsieb in zwei vorgekühlte Cocktailschalen und garnieren Sie diese mit den Kirschen und der Banane.

Vor der Geburt unserer zweiten Tochter: Wir spazieren über den Friedhof Enzenbühl, sprechen über Werden und Vergehen, da wir in diesem Moment realisieren, wie nahe beides oft beisammen liegt. Wir sind allein, die Sonne scheint. Wir geniessen die Zweisamkeit. Im Gebärzimmer geht alles sehr schnell, und nach wenigen Minuten liegt unsere zweite Prinzessin mit weit offenen Augen, warm und glitschig auf meinem Bauch, Freudentränen rinnen mir über die Wangen. Ein unglaublich sinnlicher, nicht wiederholbarer Moment.

Ursula, 45

Bedable Beauty ♥

1 Banane, in Scheiben
8 cl Damianaelixier
(siehe Seite 105) oder
weisser Rum
4 cl Pfirsichlikör
4 cl frisch gepresster
Limetten- oder
Zitronensaft
4 Teelöffel Zucker
6–8 Esslöffel
zerstossenes Eis

Erfrischend, fruchtig
All Day

Shaker, Mixer, 2 Cocktailschalen

Mixen Sie alle Zutaten mit der Hälfte des zerstossenen Eises im Mixer gut durch. Verteilen Sie das restliche Eis in die Cocktailschalen und füllen Sie diese mit dem Cocktail auf. Reichen Sie Trinkhalme zu den Drinks.

Between the Sheets

4 cl Brandy
4 cl weisser Rum
4 cl Cointreau
2 cl Zitronensaft

Leicht herb
Pre Dinner

Shaker, Eiswürfel, 2 Cocktailschalen

Schütteln Sie alle Zutaten zusammen mit Eiswürfeln im Shaker kurz und kräftig durch. Giessen Sie den Inhalt durch ein Barsieb in die Cocktailgläser.

Bloody Mary

8 cl Wodka
2 cl Zitronensaft
4 Spritzer Worcestersauce
2 Spritzer Tabasco
Selleriesalz
24 cl Tomatensaft

Garnitur
2 Stück Stangensellerie
oder 2 Zitronenscheiben
Eiswürfel nach Belieben

Pikant, appetitanregend
Pre Dinner

Eiswürfel, 2 Longdrinkgläser

Verteilen Sie in zwei Longdrinkgläser den Wodka, den Zitronensaft und die Gewürze und rühren sie mit einem Barlöffel gut um. Füllen Sie die Gläser mit dem Tomatensaft auf und garnieren Sie diese mit dem Stangensellerie oder der Zitronenscheibe. Nach Belieben geben Sie einige Eiswürfel dazu.

Tipps Wenn Sie anstelle des Wodkas Rum verwenden, nennt sich der Drink Cubanito, mit Tequila Bloody Juanita. Ersetzen Sie die Hälfte des Tomatensafts durch kalte Consommé, wird der Drink ein Bull Shot, und wenn Sie den Alkohol weglassen, erhalten Sie eine Virgin Mary.

Blume des Herzens ♥

8 cl Hanfelixier
(siehe Seite 107)
oder Wodka
4 cl Kaffeelikör

Würzig
After Dinner

6–8 Eiswürfel, 2 Tumbler

Verteilen Sie die Eiswürfel, den Wodka und den Kaffeelikör in die Tumbler und rühren Sie um.

Bloody Mary

Chocolate Cocktail

2 Teelöffel geriebene Schokolade
4 cl Crème de Cacao
4 cl Chartreuse, gelb
8 cl Portwein

Verlockend
All Day

Shaker, Eiswürfel, 2 Cocktailgläser

Schütteln Sie alle Zutaten zusammen mit Eiswürfeln im Shaker kurz und kräftig durch. Giessen Sie den Inhalt durch ein Barsieb in die vorgekühlten Cocktailgläser.

Cupid's Dart ♥

4 cl Ginsengelixier (siehe Seite 106)
4 cl trockener Wermut
4 cl Crème de Menthe, grün

Erfrischend
After Dinner

Rührglas, Eiswürfel, 2 Cocktailgläser

Verrühren Sie alle Zutaten zusammen mit Eiswürfeln im Rührglas. Sieben Sie den Inhalt durch ein Barsieb in die vorgekühlten Cocktailgläser.

Darlin ♥

6 cl Kawa-Kawa-Elixier (siehe Seite 108) oder weisser Rum
4 cl Apricot Brandy
10 cl Ananassaft
4 cl Kokosnussmilch

einige Eiswürfel oder zerstossenes Eis, nach Belieben

Frisch und fruchtig
All Day

Shaker, Eiswürfel, 2 Cocktailgläser

Schütteln Sie alle Zutaten zusammen mit Eiswürfeln im Shaker kurz und kräftig durch. Giessen Sie den Inhalt durch ein Barsieb in zwei vorgekühlte Cocktailgläser. Fügen Sie nach Belieben Eis hinzu.

Delta of Venus ♥

4 cl weisser Rum
4 cl Ginsenglikör
(Kamasutra)
4 cl Curaçao blue
8–12 cl Rahm

Lieblich, fruchtig
All Day

Shaker, Eiswürfel, 2 Cocktailgläser

Schütteln Sie alle Zutaten zusammen mit Eiswürfeln im Shaker kurz und kräftig durch. Giessen Sie den Inhalt durch ein Barsieb in die vorgekühlten Cocktailgläser.

First Kiss

4 cl Sherry
4 cl Cointreau
4 cl Bénédictine
2 Spritzer Crème de Menthe

Herzhaft
All Day

Shaker, Eiswürfel, 2 Cocktailgläser

Schütteln Sie alle Zutaten zusammen mit Eiswürfeln im Shaker kurz und kräftig durch. Giessen Sie den Inhalt durch ein Barsieb in die vorgekühlten Cocktailgläser.

First Love

6 cl Grand Marnier
6 cl Crème de Cacao, braun
2 Teelöffel Rahm

Lieblich
After Dinner

Shaker, Eiswürfel, 2 Cocktailgläser

Schütteln Sie alle Zutaten zusammen mit Eiswürfeln im Shaker kurz und kräftig durch. Giessen Sie den Inhalt durch ein Barsieb in die vorgekühlten Cocktailgläser.

Forever Yours ♥

6 cl Calvados
6 cl Cointreau
6 cl Orangensaft

Aromatisch
All Day

Shaker, Eiswürfel, 2 Cocktailgläser

Schütteln Sie alle Zutaten zusammen mit Eiswürfeln im Shaker kurz und kräftig durch. Giessen Sie den Inhalt durch ein Barsieb in die vorgekühlten Cocktailgläser.

G-String ♥

4 cl Crème de Cacao, weiss
4 cl Jägermeister
4 cl Rahm

Mundend
After Dinner

Shaker, Eiswürfel, 2 Cocktailgläser

Schütteln Sie alle Zutaten zusammen mit Eiswürfeln im Shaker kurz und kräftig durch. Giessen Sie den Inhalt durch ein Barsieb in die vorgekühlten Cocktailgläser.

Golden Dream

4 cl Galliano
4 cl Cointreau
4 cl Orangensaft
4 cl Rahm

Verlockend
After Dinner

Shaker, Eiswürfel, 2 Cocktailgläser

Schütteln Sie alle Zutaten zusammen mit Eiswürfeln im Shaker kurz und kräftig durch. Giessen Sie den Inhalt durch ein Barsieb in die vorgekühlten Cocktailgläser.

Golden Wedding ring ♥

4 cl Vanillelikör
(siehe Seite 109)
4 cl Galliano
4 cl Crème de Cacao, weiss
6 cl Rahm

Sahnig
After Dinner

Shaker, Eiswürfel, 2 Cocktailgläser

Schütteln Sie alle Zutaten zusammen mit Eiswürfeln im Shaker kurz und kräftig durch. Giessen Sie den Inhalt durch ein Barsieb in die vorgekühlten Cocktailgläser.

Heaven-Sent ♥

6 cl Calvados
6 cl Amarula
4 cl leicht geschlagener Rahm

Verlockend, erregend
After Dinner

Rührglas, Eiswürfel, 2 kleine Stiel- oder Cocktailgläser

Geben Sie den Calvados und Amarula mit einigen Eiswürfeln in das Rührglas und rühren Sie gut um. Giessen Sie den Inhalt durch ein Bar-sieb in die vorgekühlten Gläser. Geben Sie auf die Drinks eine kleine Wolke geschlagenen Rahm.

Honey Dew

6 cl Drambuie
6 cl Calvados
6 cl Zitronensaft

Geschmakvoll
After Dinner

Shaker, Eiswürfel, 2 Cocktailgläser

Schütteln Sie alle Zutaten zusammen mit Eiswürfeln im Shaker kurz und kräftig durch. Giessen Sie den Inhalt durch ein Barsieb in die vorgekühlten Cocktailgläser.

Ein Thermo-Trinkhalm, der bei Berührung die verschiedensten Regenbogenfarben annimmt, schuf eine Verbindung zwischen einem fremden Mann und mir. Er beobachtete mich an der Bar bei einem Drink und sah, wie sich durch die Wärme meiner Hände der Trinkhalm von Gelb zu Dunkelblau verfärbte und sagte nur: «Ich will dein Trinkhalm sein.»

Edith, 48, Journalistin und Texterin

Honeymoon

4 cl Calvados
4 cl Bénédictine
2 cl Cointreau
1 cl Zitronensaft

Fruchtig
After Dinner

Shaker, Eiswürfel, 2 Cocktailgläser

Schütteln Sie alle Zutaten zusammen mit Eiswürfeln im Shaker kurz und kräftig durch. Giessen Sie den Inhalt durch ein Barsieb in die vorgekühlten Cocktailgläser.

Lady's Dream

6 cl Canadian Whisky
6 cl Cointreau
4 cl Erdbeersirup
6 cl Ananassaft
6 cl Rahm

Garnitur
2 Erdbeeren

Schmackhaft, harmonisch
After Dinner

Shaker, Eiswürfel, 2 Cocktailgläser

Schütteln Sie alle Zutaten zusammen mit Eiswürfeln im Shaker kurz und kräftig durch. Giessen Sie den Inhalt durch ein Barsieb in die vorgekühlten Cocktailgläser. Schneiden Sie die Erdbeeren ein und stecken Sie diese an den Glasrand.

Latin Lover ♥

6 cl Ginsengelixier
(siehe Seite 106)
oder weisser Rum
2 cl Limonenlikör
2 cl Limettensaft
6 cl Ananassaft

Exotisch, erfrischend
All Day

Shaker, Eiswürfel, 2 Tumbler

Schütteln Sie alle Zutaten zusammen mit Eiswürfeln im Shaker kurz und kräftig durch. Giessen Sie den Inhalt durch ein Barsieb in die zur Hälfte mit zerstossenem Eis gefüllten Gläser. Garnieren Sie die Glasränder nach Belieben mit Ananasscheiben. Mit Trinkhalm servieren.

Lovebite ♥

2 cl Himbeersirup
2 cl Zitronensaft
4 cl Himbeergeist
20 cl Champagner,
gut gekühlt

Erfrischend, prickelnd
All Day

Shaker, Eiswürfel, 2 Champagnergläser

Schütteln Sie alle Zutaten ausser dem Champagner zusammen mit Eiswürfeln im Shaker kurz und kräftig durch. Giessen Sie den Inhalt durch ein Barsieb in die vorgekühlten Champagnergläser. Füllen Sie diese mit dem Champagner auf.

Maid of Honour ♥

6 cl Damianaelixier
(siehe Seite 105)
oder weisser Rum
2 cl Pfirsichlikör
2 cl Maraschino
4 cl Limettensaft

Fruchtig, frisch
All Day

Shaker, Eiswürfel, 2 Cocktailgläser

Schütteln Sie alle Zutaten zusammen mit Eiswürfeln im Shaker kurz und kräftig durch. Giessen Sie den Inhalt durch ein Barsieb in die zur Hälfte mit zerstossenem Eis gefüllten Cocktailgläser.

Cocktails

Latin Lover

Margarita

8 cl Tequila, weiss
4 cl Cointreau
4 cl Zitronensaft

Verführerisch
Pre Dinner

Garnitur
1 Zitronenviertel
1 Schale, mit etwas Salz gefüllt

Shaker, Eiswürfel, 2 Cocktailgläser

Befeuchten Sie die Ränder der Cocktailgläser mit dem Zitronenviertel und drehen Sie diese im Salz, so dass ein gleichmässiger Salzrand entsteht.
Schütteln Sie die restlichen Zutaten zusammen mit Eiswürfeln im Shaker kurz und kräftig durch. Giessen Sie den Inhalt durch ein Barsieb in die Cocktailgläser.

Miss You ♥

6 cl Cognac
4 cl Schokoladenlikör
2 cl Haselnusslikör
8 cl Rahm

Balsamisch
After Dinner

Shaker, Eiswürfel, 2 Cocktailgläser

Schütteln Sie alle Zutaten zusammen mit Eiswürfeln im Shaker kurz und kräftig durch. Giessen Sie den Inhalt durch ein Barsieb in die vorgekühlten Cocktailgläser.

Mojito

4 cl fein gemahlener Rohzucker oder Zuckerrohrsirup
4 cl Limettensaft
10–12 Pfefferminzblätter
8 cl weisser Rum
Sodawasser
zerstossenes Eis

Trendy, aromatisch
All Day

Eiswürfel, 2 Longdrinkgläser

Verteilen Sie den Zucker, den Limettensaft und die Pfefferminzblätter in die Longdrinkgläser und zerdrücken Sie alles mit einem Holzstössel oder Barlöffel. Füllen Sie die Gläser mit Rum, Sodawasser und zerstossenem Eis auf und rühren Sie gut um. Garnieren Sie die Gläser mit den Pfefferminzzweigen und servieren Sie die Drinks mit je einem Trinkhalm.

Garnitur
2 Pfefferminzzweige

Paradise

8 cl Gin
4 cl Apricot Brandy
4 cl Orangensaft

Schmackhaft
All Day

Shaker, Eiswürfel, 2 Cocktailgläser

Schütteln Sie alle Zutaten zusammen mit Eiswürfeln im Shaker kurz und kräftig durch. Giessen Sie den Inhalt durch ein Barsieb in die vorgekühlten Cocktailgläser.

Point of No Return ♥

8 cl Grand Marnier
8 cl Orangenlikör
8 cl Ananassaft

Fruchtig
All Day

Garnitur
2 Stück Ananas
2 Cocktailkirschen
2 Pfefferminzzweige

Shaker, Eiswürfel, 2 Tumbler

Schütteln Sie alle Zutaten zusammen mit Eiswürfeln im Shaker kurz und kräftig durch. Giessen Sie den Inhalt durch ein Barsieb in die vorgekühlten Tumbler. Garnieren Sie die Drinks mit den Früchten und den Minzzweigen.

Private Lover

6 cl Cognac
4 cl Pfirsichnektar
4 cl Grapefruitsaft

Fruchtig
All Day

Garnitur
2 Scheiben Sternfrucht (Karambole)
2 Erdbeeren

Shaker, Eiswürfel, 2 Cocktailgläser

Schütteln Sie alle Zutaten zusammen mit Eiswürfeln im Shaker kurz und kräftig durch. Giessen Sie den Inhalt durch ein Barsieb in die vorgekühlten Cocktailgläser. Garnieren Sie die Drinks mit den Früchten.

PS I Love You

6 cl Amaretto
6 cl Kaffeelikör
6 cl Baileys Irish Cream

Verführerisch
After Dinner

Eiswürfel, 2 Tumbler

Geben Sie je etwa 3–4 Eiswürfel in die Tumbler, giessen Sie alle Zutaten darüber und rühren sie kurz um.

Red Lips

4 cl Gin
4 cl Campari
4 cl Kirschlikör (Cherry Brandy)
12 cl Ananas- oder Orangensaft

Appetitlich
Pre Dinner

Shaker, Eiswürfel, 2 Tumbler

Garnitur
2 Orangenscheiben
2 Stück Zitronenscheiben
2 Cocktailkirschen
2 Cocktailsticks

Schütteln Sie alle Zutaten zusammen mit Eiswürfeln im Shaker kurz und kräftig durch. Giessen Sie den Inhalt durch ein Barsieb in die Tumbler. Geben Sie nach Belieben noch einige Eiswürfel hinzu und garnieren Sie die Drinks mit den Früchten.

Schnee fällt, leicht, leise, langsam; aber wenn ich den Kopf hebe und zusehe, wie er fällt, dann scheint der Himmel riesig, der Schnee dicht und schnell, gefährlich fast, ich verliere jegliches Gefühl für Raum und Richtung.

Livia Gnos, 25 Jahre

Red Velvet

6 cl Wodka
3 cl Crème de Cacao, weiss
3 cl Kirschlikör (Cherry Brandy)

Einladend
After Dinner

Shaker, Eiswürfel, 2 Cocktailgläser

Schütteln Sie alle Zutaten zusammen mit Eiswürfeln im Shaker kurz und kräftig durch. Giessen Sie den Inhalt durch ein Barsieb in die vorgekühlten Cocktailgläser.

Rêve d'Or

8 cl Grand Marnier
2 cl Galliano
4 cl Rahm
8 cl Orangensaft

Aromatisch
After Dinner

Shaker, Eiswürfel, 2 Cocktailgläser

Schütteln Sie alle Zutaten zusammen mit Eiswürfeln im Shaker kurz und kräftig durch. Giessen Sie den Inhalt durch ein Barsieb in die vorgekühlten Cocktailgläser.

Secret Lover ♥

6 cl Kawa-Kawa-Elixier (siehe Seite 108) oder Cachaça
4 cl Malibu
4 cl Pfirsichlikör (Archers)
4 cl Cream of Coconut
6 cl Ananassaft

Garnitur
2 Cocktailkirschen

Harmonisch, exotisch
All Day

Shaker, Eiswürfel, 2 Cocktailgläser

Schütteln Sie alle Zutaten zusammen mit Eiswürfeln im Shaker kurz und kräftig durch. Giessen Sie den Inhalt durch ein Barsieb in die vorgekühlten Cocktailgläser. Lassen sie die Cocktailkirschen in die Drinks sinken.

Sex Appeal

8 cl Brandy
8 cl Curaçao Triple sec
8 Zitronensaft
2 Spritzer Grenadine

Frisch
All Day

Shaker, Eiswürfel, 2 Cocktailgläser

Schütteln Sie alle Zutaten zusammen mit Eiswürfeln im Shaker kurz und kräftig durch. Giessen Sie den Inhalt durch ein Barsieb in die vorgekühlten Cocktailgläser.

Source de Désir ♥

4 cl Cognac
4 cl Red-Orange-Likör
4 cl Orangensaft

Erfrischend
All Day

Shaker, Eiswürfel, 2 Cocktailgläser

Schütteln Sie alle Zutaten zusammen mit Eiswürfeln im Shaker kurz und kräftig durch. Giessen Sie den Inhalt durch ein Barsieb in die vorgekühlten Cocktailgläser.

Suprasternal Notch ♥

4 cl Galliano
4 cl Ginsengelixier oder Cachaça
4 cl Curaçao blue
12 cl Rahm

Anregend, schmackhaft
After Dinner

Shaker, Eiswürfel, 2 Cocktailgläser

Schütteln Sie alle Zutaten zusammen mit Eiswürfeln im Shaker kurz und kräftig durch. Sieben Sie den Inhalt durch ein Barsieb in zwei vorgekühlte Gläser.

PS Suprasternal Notch heisst auf Englisch das Grübchen am Halsansatz. Michael Ondaatjie hat dieser erotischen Körperstelle im Roman «The English Patient» ein würdiges Denkmal gesetzt, was wiederum John Irving dazu inspirierte, diese Textstelle in seinem Roman «The fourth Hand» einzuflechten.

Sweet Dreams

6 cl weisser Rum
6 cl Apricot Brandy
6 cl Ananassaft
6 cl Rahm

Wohlschmeckend
After Dinner

Shaker, Eiswürfel, 2 Cocktailgläser

Schütteln Sie alle Zutaten zusammen mit Eiswürfeln im Shaker kurz und kräftig durch. Giessen Sie den Inhalt durch ein Barsieb in die vorgekühlten Cocktailgläser.

Ferien mit meiner Frau und unserer damals knapp zweijährigen Tochter Lara. Lara hatte bisher immer nur ziemlich zusammenhanglos geplappert. Als ich sie eines Morgens auf einen Tisch gehoben hatte, um sie besser anziehen zu können, umarmte sie mich plötzlich und hauchte mir ihren ersten Satz ins Ohr: «Questo papa e mio papa.» Das kam so unerwartet, so sinnlich und intensiv, dass es mir heiss und kalt den Rücken hinunterlief und ich ganz weiche Knie bekam. Wie beim ersten Kuss, bei der ersten Liebe.

Robi, 37, Gastrogeschäftsführer

Sweet Girl

6 cl Gin
6 cl Apricot Brandy
6 cl Rahm

Verlockend
After Dinner

Shaker, Eiswürfel, 2 Cocktailgläser

Schütteln Sie alle Zutaten zusammen mit Eiswürfeln im Shaker kurz und kräftig durch. Giessen Sie den Inhalt durch ein Barsieb in die vorgekühlten Cocktailgläser.

Wild Delight ♥

8 cl Southern Comfort
4 cl Zitronenlikör
4 cl leicht geschlagener Rahm

Aromatisch
All Day oder After Dinner

Eiswürfel, 2 kleine Stielgläser oder Tumbler

Geben Sie wenige Eiswürfel in die Gläser, verteilen Sie den Southern Comfort und den Zitronenlikör darüber und rühren Sie um. Giessen Sie den Rahm vorsichtig über einen Barlöffel auf die Drinks.

Wild Lady ♥

8 cl Himbeergeist
4 cl Maracujalikör
4 cl Zitronensaft

Frisch
All Day

Shaker, Eiswürfel, 2 Cocktailgläser

Schütteln Sie alle Zutaten zusammen mit Eiswürfeln im Shaker kurz und kräftig durch. Giessen Sie den Inhalt durch ein Barsieb in die vorgekühlten Cocktailgläser.

Mit einer Erkältung im Bett von der vierjährigen Tochter umsorgt werden. Von ihr einen Tee serviert bekommen, der nur aus Wasser besteht, in dem aber sämtliche lieben Blicke und äusserst ernsthafte Gedanken aufgelöst und zu einem Geheimtrank destilliert sind, die urplötzlich die Lebensgeister wieder wecken – eins mit der Welt, Sinnlichkeit eben.

Christoph, 43, Managing Director, Musikvertrieb

Longdrinks und Fancy Drinks

In einen Longdrink gehören mindestens zwei bis maximal fünf Zutaten. Die Gesamtflüssigkeitsmenge beträgt zwischen 15 und 25 cl, wovon 4 bis 7 cl alkoholhaltig (davon höchstens eine Zutat hochprozentig) sind. Longdrinks werden immer mit Eis serviert.

Alle diese Drinks regen an, erfrischen, ermuntern, stimulieren. Und sie schmecken herrlich! Sie können die Drinks zu jeder Zeit servieren, ganz nach Lust und Laune. Lassen Sie sie Ihre Fantasie beflügeln – zu sinnlichen Stunden und zu Ihren ganz persönlichen Kreationen.

Down to Earth, up to Heaven ♥

4 cl Damianaelixier
(siehe Seite 105)
oder weisser Rum
4 cl dunkler Rum
2 cl Red-Orange-Likör
2 cl Limettensaft
20 cl Orangensaft

Garnitur
2 Orangenscheiben

Bekömmlich, kribbelnd

Shaker, Eiswürfel, 2 Longdrinkgläser

Schütteln Sie alle Zutaten zusammen mit Eiswürfeln im Shaker kurz und kräftig durch. Giessen Sie den Inhalt durch ein Barsieb in die vorgekühlten Longdrinkgläser. Geben Sie nach Belieben noch Eiswürfel in die Gläser und garnieren Sie die Drinks mit den Orangenscheiben.

Dream Lover ♥

8 cl Damianaelixier
(siehe Seite 105) oder
weisser Rum
4 cl Kokoslikör
8 cl Cream of Coconut
20 cl Ananassaft
4 cl Rahm,
nach Belieben
zerstossenes Eis

Garnitur
2 Stück Ananas
2 Cocktailkirschen

Exotisch, einladend

Shaker, Eiswürfel, 2 Longdrinkgläser

Schütteln Sie alle Zutaten zusammen mit Eiswürfeln im Shaker kurz und kräftig durch. Giessen Sie den Inhalt durch ein Barsieb in die mit zerstossenem Eis zur Hälfte gefüllten Longdrinkgläser. Garnieren Sie die Gläser mit den Früchten und servieren Sie die Drinks mit je einem Trinkhalm.

Erotikon ♥

8 cl Hanfelixier
(siehe Seite 107)
oder Wodka
6 cl Cranberrysaft
12 cl Orangensaft
2 cl Galliano

Garnitur
2 Orangenscheiben

Erquickend

Eiswürfel, 2 Longdrinkgläser

Geben Sie in die beiden Longdrinkgläser einige Eiswürfel, verteilen Sie das Hanfelixier oder den Wodka und den Orangensaft in die Gläser und rühren gut um. Giessen Sie nun den Galliano darüber und rühren Sie nicht mehr. Garnieren Sie die Drinks mit je einer Orangenscheibe.

Florida Sling

6 cl Gin
4 cl Kirschlikör (Cherry Brandy)
4 cl Zitronensaft
2 cl Grenadine
20 cl Ananassaft

Garnitur
2 Stücke Ananas
2 Cocktailkirschen

Fruchtig, exotisch

Shaker, Eiswürfel, 2 Longdrinkgläser

Schütteln Sie alle Zutaten zusammen mit Eiswürfeln im Shaker kurz und kräftig durch. Giessen Sie den Inhalt durch ein Barsieb in die vorgekühlten Longdrinkgläser. Füllen Sie diese mit Eiswürfeln auf, dekorieren Sie die Drinks mit den Früchten und servieren Sie zwei Trinkhalme dazu.

Heart's Desire ♥

4 cl Muira-Puama-Elixier (siehe Seite 109)
oder Wodka
1 Esslöffel Guaranapulver, nach Belieben
2 cl Kaffeelikör
4 cl Limettensaft
12 cl Mangosaft
12 cl Ananassaft

Anregend, tonisierend

Shaker, Eiswürfel, 2 Longdrinkgläser

Schütteln Sie alle Zutaten zusammen mit Eiswürfeln im Shaker kurz und kräftig durch. Giessen Sie den Inhalt durch ein Barsieb in die vorgekühlten Longdrinkgläser. Geben Sie nach Belieben noch einige Eiswürfel in die Gläser.

Heaven-Born ♥

4 cl Cognac
4 cl Schokoladenlikör
4 cl Red-Orange-Likör
20 cl Orangensaft

Lieblich, raffiniert

Shaker, Eiswürfel, 2 Longdrinkgläser

Schütteln Sie alle Zutaten zusammen mit Eiswürfeln im Shaker kurz und kräftig durch. Giessen Sie den Inhalt durch ein Barsieb in die vorgekühlten Longdrinkgläser. Geben Sie nach Belieben noch einige Eiswürfel in die Gläser.

Hurricane

8 cl brauner Rum
4 cl weisser Rum
2 cl Maracujasirup
4 cl Orangensaft
4 cl Ananassaft
zerstossenes Eis

Garnitur
2 Stücke Ananas
2 Cocktailkirschen

Exotisch, duftig

Shaker, Eiswürfel, 2 Longdrinkgläser

Schütteln Sie alle Zutaten zusammen mit Eiswürfeln im Shaker kurz und kräftig durch. Giessen Sie den Inhalt durch ein Barsieb in die mit zerstossenem Eis gefüllten Longdrinkgläser. Garnieren Sie die Drinks mit den Früchten und servieren Sie sie mit einem Trinkhalm.

Love etc. ♥

4 cl Kawa-Kawa-Elixier
(siehe Seite 108) oder
weisser Rum
8 cl Kokoslikör
10 cl Passionsfruchtsaft
10 cl Ananassaft

Garnitur
2 Kiwischeiben

Aromatisch, exotisch

Shaker, Eiswürfel, 2 Longdrinkgläser

Schütteln Sie alle Zutaten zusammen mit Eiswürfeln im Shaker kurz und kräftig durch. Giessen Sie den Inhalt durch ein Barsieb in die Longdrinkgläser und füllen Sie diese mit Eiswürfeln auf. Garnieren Sie die Drinks mit je einer Kiwischeibe.

Marcos mi amor ♥

6 cl Ginsengelixier
(siehe Seite 106)
oder Cachaça
4 cl Kokosklikör
4 cl Pfirsichlikör
10 cl Maracujasaft
10 cl Ananassaft

Verlockend, stimulierend

Shaker, Eiswürfel, 2 Longdrinkgläser

Schütteln Sie alle Zutaten zusammen mit Eiswürfeln im Shaker kurz und kräftig durch. Giessen Sie den Inhalt durch ein Barsieb in die vorgekühlten Longdrinkgläser. Geben Sie nach Belieben noch einige Eiswürfel in die Gläser.

PS Danke, lieber Marcos, für die vielen schönen Stunden!

Mars & Venus ♥

4 cl Ginsengelixier
(siehe Seite 106) oder
Cachaça
8 cl Pfirsichlikör
2 cl Grenadine
12 cl Orangensaft
12 cl Ananassaft

Garnitur
2 Pfefferminzzweiglein

Stimulierend

Shaker, Eiswürfel, 2 Fancydrink- oder Longdrinkgläser

Schütteln Sie alle Zutaten zusammen mit Eiswürfeln im Shaker kurz und kräftig durch. Giessen Sie den Inhalt durch ein Barsieb in die vorgekühlten Gläser. Garnieren Sie die Drinks mit der Minze.

Night in Blue

8 cl Batida de Coco
4 cl Curaçao blue
16 cl Ananassaft

Garnitur
2 Scheiben Ananas
2 Cocktailkirschen

Harmonisch

Shaker, Eiswürfel, 2 Longdrinkgläser

Schütteln Sie alle Zutaten zusammen mit Eiswürfeln im Shaker kurz und kräftig durch. Giessen Sie den Inhalt durch ein Barsieb in die mit Eiswürfeln zur Hälfte gefüllten Longdrinkgläser. Garnieren Sie die Gläser mit den Früchten.

Tipp Sie können die Zutaten auch direkt in die Gläser giessen und alles gut umrühren.

Passion Kiss

Passion Kiss ♥

8 cl Muira-Puama-Elixier (siehe Seite 109) oder weisser Rum
6 cl Rose's Lime Juice
3 cl Zitronensaft
4 cl Maracujasirup oder -likör
20 cl Passionsfruchtnektar

Erquickend, aufreizend

Shaker, Eiswürfel, 2 Longdrinkgläser

Schütteln Sie alle Zutaten zusammen mit Eiswürfeln im Shaker kurz und kräftig durch. Giessen Sie den Inhalt durch ein Barsieb in die vorgekühlten Longdrinkgläser. Füllen Sie die Drinks mit Eiswürfeln auf.

Romano ♥

8 cl Fo-ti-tieng-Elixier (siehe Seite 106) oder Wodka
4 cl Baileys Irish Cream
4 cl Kaffeelikör
4 cl Cream of Coconut
2 Zitronensaft
16 cl Ananassaft

Verführerisch, schmiegsam

Shaker, Eiswürfel, 2 Longdrinkgläser

Schütteln Sie alle Zutaten zusammen mit Eiswürfeln im Shaker kurz und kräftig durch. Giessen Sie den Inhalt durch ein Barsieb in die vorgekühlten Longdrinkgläser. Geben Sie nach Belieben noch einige Eiswürfel in die Gläser.

PS Romano, du hast in meiner Krise die Frau in mir wieder wachgeküsst. Ich werde dir ewig dankbar sein.

Ruth's Secret ♥

8 cl Hanfelixier mit Cognac (siehe Seite 107) oder Cognac
4 cl Toffeelikör
20 cl kalte Schokolade

Garnitur
etwas Orangenschokolade, fein zerbröckelt

Raffiniert, verlockend

Shaker, Eiswürfel, 2 Longdrinkgläser, 2 langstielige Löffel

Schütteln Sie alle Zutaten zusammen mit Eiswürfeln im Shaker kurz und kräftig durch. Giessen Sie den Inhalt durch ein Barsieb in die vorgekühlten Longdrinkgläser. Lassen Sie die zerbröckelte Schokolade in die Drinks gleiten. Während dem Geniessen angeln Sie sich lustvoll die Schokoladenstücke mit dem Löffel.

Romano

Seefeld String ♥

8 cl Kirsch
4 cl Kirschlikör (Cherry Brandy) oder Bündner Röteli
2 cl Kokoslikör
2 cl Grenadine
5 cl Orangensaft
5 cl Ananassaft

Garnitur
Früchte je nach Saison

Verspielt, geschmackvoll

Shaker, Eiswürfel, 2 Longdrinkgläser

Schütteln Sie alle Zutaten zusammen mit Eiswürfeln im Shaker kurz und kräftig durch. Giessen Sie den Inhalt durch ein Barsieb in die vorgekühlten Longdrinkgläser.

Sensual Aftermath ♥

8 cl Brandy (oder je 4 cl Brandy und Kaffeelikör)
1 Esslöffel Guarana
24 cl kalte Schokolade

Gehaltvoll, kräftigend

Shaker, Eiswürfel, 2 Longdrinkgläser

Schütteln Sie alle Zutaten zusammen mit Eiswürfeln im Shaker kurz und kräftig durch. Giessen Sie den Inhalt durch ein Barsieb in die vorgekühlten Longdrinkgläser. Füllen Sie die Drinks nach Belieben mit Eiswürfeln auf.

Tipp Wenn Sie das Guaranapulver weglassen, nennt sich der Drink Lumumba. Diesen können Sie einfach in die Gläser füllen und umrühren.

Sex in the Pantry ♥

8 cl Southern Comfort
4 cl Vanillelikör (siehe Seite 109)
Ginger Ale

Bekömmlich

Eiswürfel, 2 Longdrinkgläser

Verteilen Sie den Southern Comfort und den Vanillelikör in die Longdrinkgläser und füllen Sie die Gläser mit Ginger Ale auf. Nach Belieben geben Sie noch einige Eiswürfel hinzu.

Sex on Cardboard Boxes ♥

8 cl Drambuie
8 cl Amarula
2 cl Zitronensaft
20 cl Orangensaft

Verführerisch, delikat

Shaker, Eiswürfel, 2 Longdrinkgläser

Schütteln Sie alle Zutaten zusammen mit Eiswürfeln im Shaker kurz und kräftig durch. Giessen Sie den Inhalt durch ein Barsieb in die vorgekühlten Longdrinkgläser.

Singapore Sling

8 cl Gin
4 cl Kirschlikör (Cherry Brandy)
2 cl Cointreau oder Curaçao Triple sec
4 cl Zitronensaft
2 cl Grenadine
5 cl Orangensaft
5 cl Ananassaft
einige Tropfen Angostura
Sodawasser zum Auffüllen
einige Tropfen Bénédictine (Kräuterlikör)

Garnitur
2 Stücke Ananas
2 Cocktailkirschen

Klassisch, exotisch

Shaker, Eiswürfel, 2 Longdrinkgläser

Schütteln Sie alle Zutaten ausser dem Sodawasser und dem Bénédictine zusammen mit Eiswürfeln im Shaker kurz und kräftig durch. Giessen Sie den Inhalt durch ein Barsieb in die mit einigen Eiswürfeln bestückten Longdrinkgläser. Füllen Sie die Gläser mit Sodawasser auf und rühren Sie um. Geben Sie auf die fertigen Drinks einige Tropfen Bénédictine und garnieren Sie die Slings mit den Früchten, bevor Sie je einen Trinkhalm hineingeben.

PS Dies ist ein legendärer Drink aus dem legendären «Raffles Hotel» in Singapur. Als ich vor über zwanzig Jahren in Malaysia lebte, besuchte ich mit meiner damaligen Liebe regelmässig die lauschige Hotelbar, um einen Singapore Sling zu trinken. Noch heute besitze ich die Barkarte mit dem Originalrezept (siehe oben).

Suspender ♥

4 cl Kirsch
4 cl Kirschlikör (Cherry Brandy)
12 cl Cranberrysaft
Ginger Ale

Wohlschmeckend

Eiswürfel, 2 Longdrinkgläser

Verteilen Sie den Kirsch, den Kirschlikör und den Cranberrysaft über einige Eiswürfel in die Longdrinkgläser und füllen Sie die Drinks mit Ginger Ale auf.

String Sling ♥

6 cl Damianaelixier (siehe Seite 105) oder weisser Rum
4 cl Apricot Brandy
4 cl Maracujalikör
4 cl Erdbeersirup
8 cl Ananassaft

Garnitur
2 Stücke Ananas
2 kleine Erdbeeren

Fruchtig, einladend

Shaker, Eiswürfel, 2 Longdrinkgläser

Schütteln Sie alle Zutaten zusammen mit Eiswürfeln im Shaker kurz und kräftig durch. Giessen Sie den Inhalt durch ein Barsieb in die vorgekühlten Longdrinkgläser. Geben Sie nach Belieben noch einige Eiswürfel in die Gläser und garnieren Sie die Drinks mit den Früchten.

Turn off the Lights

4 cl weisser Rum
4 cl Wodka
4 cl Tequila
2 cl Curaçao Triple sec
20 cl Orangensaft
2 Spritzer Angostura
einige Tropfen Grenadine, nach Belieben

Gehaltvoll, ein Drink genügt

Shaker, Eiswürfel, 2 Longdrinkgläser

Schütteln Sie alle Zutaten zusammen mit Eiswürfeln im Shaker kurz und kräftig durch. Giessen Sie den Inhalt durch ein Barsieb in die mit einigen Eiswürfeln gefüllten Longdrinkgläser.

Turn off the Lights

Bowlen

Eine Bowle ist ein Erfrischungsgetränk mit Wein, Sekt, oft mit marinierten Fruchtstücken und anderen Zutaten. Sie ist die perfekte Begleiterin an einem warmen Sommertag oder -abend. Das Wort kommt vom englischen «bowl», Schüssel, worin sie auch meistens, insbesondere für eine grössere Runde, serviert wird.

Bowlen sind sehr dekorativ. Die Früchtchen, die schon ein wenig betrunken sind, necken Gaumen und Lust. Geben Sie sich der Stimmung hin, schwelgen Sie in der Schwerelosigkeit des Augenblicks.

Ananas-Erdbeer-Bowle

100 g Ananas
100 g Erdbeeren
1–2 Teelöffel Zucker
1 kleine Zitronenspirale
200 ml trockener Weisswein
400 ml trockener Schaumwein

2 Champagnerkelche oder Bowlengläser

Schälen Sie die Ananas, entfernen Sie den harten Strunk und schneiden Sie das Fruchtfleisch in kleine Stücke. Waschen Sie die Erdbeeren und schneiden Sie sie ebenfalls klein. Geben Sie die Fruchtstücke mit der Zitronenspirale in ein Bowlengefäss und bestreuen Sie alles mit dem Zucker. Giessen Sie den Wein darüber und lassen Sie den Ansatz zugedeckt im Kühlschrank 1 Stunde ziehen. Vor dem Servieren giessen Sie den Schaumwein dazu.

Erdbeerbowle

250 g Erdbeeren
1 Esslöffel Zucker
1 Zitronenspirale
300 ml trockener Weisswein
300 ml Prosecco

2 Champagnerkelche oder Bowlengläser

Waschen und halbieren Sie die Erdbeeren, geben Sie sie mit der Zitronenspirale in ein Bowlegefäss. Streuen Sie den Zucker darüber und giessen Sie die Hälfte des Weins dazu. Lassen Sie das Ganze zugedeckt 1 Stunde ziehen. Kurz vor dem Servieren den Rest des Weins dazugiessen, vorsichtig umrühren und den Prosecco hinzugiessen, ohne nochmals zu rühren.

Ananas-Erdbeer-Bowle

Feigen-Trauben-Bowle

2 Feigen
100 g blaue Trauben
1 kleine Zitronenspirale
2 Teelöffel Rohrzucker
200 ml Rotwein, kalt
300 ml trockener Schaumwein

2 Champagnerkelche oder Bowlengläser

Schneiden Sie die Feigen in mundgerechte Stücke. Halbieren und entkernen Sie die Trauben. Geben Sie das Obst in ein Bowlengefäss, bestreuen Sie es mit dem Zucker, giessen Sie den Rotwein darüber und lassen Sie den Ansatz zugedeckt im Kühlschrank 1 Stunde ziehen. Vor dem Servieren giessen Sie den Schaumwein dazu.

Maibowle

Einige Zweiglein Waldmeister, gepflückt vor der Blüte, frisch gewaschen
ca. 60 g Rohrzucker
Saft von ½ Zitrone
300 ml Weisswein, kalt
300 ml Champagner oder Prosecco, kalt

2 Champagnerkelche oder Bowlengläser

Geben Sie den Waldmeister und den Zucker in ein Gefäss, übergiessen Sie ihn mit dem Zitronensaft und der Hälfte des Weins und lassen Sie alles etwa 30 Minuten im Kühlschrank stehen. Sieben Sie das Ganze in einen Glaskrug und füllen Sie mit dem Champagner und Prosecco auf.

Pfirsichbowle

1–2 weisse Pfirsiche
4 cl Pfirsichlikör, nach Belieben
1 kleine Zitronenspirale
1–2 Teelöffel Zucker
200 ml trockener Weisswein
400 ml trockener Schaumwein

2 Champagnerkelche oder Bowlengläser

Waschen, schälen und schneiden Sie die Pfirsiche in kleine Stücke. Geben Sie sie mit dem Pfirsichlikör und der Zitronenspirale in ein Bowlengefäss. Bestreuen Sie alles mit dem Zucker und lassen Sie den Ansatz 1 Stunde zugedeckt im Kühlschrank ziehen. Vor dem Servieren giessen Sie den Schaumwein dazu.

Flips und Egg-Nogs

Flips und Egg-Nogs sind nahrhafte, stärkende und bekömmliche Getränke, die sich hervorragend zum Genuss vor und nach körperlichen Anstrengungen eignen. In Flips kommt nur das Eigelb, in Egg-Nogs das ganze Ei. Bei der Zubereitung ist kräftiges Schütteln wichtig, damit das Ei vollständig zerschlagen wird.

Als ich zu den mündlichen Abiturprüfungen antreten musste, mixte mir meine Mutter jedes Mal einen Orangen-Flip. Sie erklärte mir: «Das Eigelb gibt dir Kraft, Orangensaft und Zucker halten die Lebensgeister wach und fördern die Konzentration, der Alkohol kitzelt die Fantasie und löst die Zunge.» Unterdessen habe ich natürlich entdeckt, dass dieses Patentrezept auch wunderbar funktioniert, wenn ich zu einem Liebesdate «antrete». Der anregende Effekt verdoppelt sich, wenn Sie diese Power-Drinks zu zweit geniessen.

Breakfast Egg-Nog

Weckt die Lebensgeister

2 frische Eier
6 cl Brandy
2 cl Curaçao
20 cl Milch
4 cl Rahm, nach Belieben

Garnitur
geriebene Muskatnuss

Shaker, Eiswürfel, 2 Longdrinkgläser

Schütteln Sie alle Zutaten zusammen mit Eiswürfeln im Shaker sehr kräftig durch, damit sich die Eier mit den übrigen Zutaten mischen. Giessen Sie den Inhalt durch ein Barsieb in die Longdrinkgläser und bestreuen Sie die Drinks mit Muskat.

Tipp Der Drink wird feiner, wenn Sie ihn im Mixer zubereiten.

Butterfly Flip
Nahrhaft, kräftigend

6 cl Brandy
4 cl Crème de Cacao, braun
4 cl Rahm
2 Eigelb

Garnitur
geriebene Muskatnuss

Shaker, Eiswürfel, 2 Stielgläser

Schütteln Sie alle Zutaten zusammen mit Eiswürfeln im Shaker kurz und kräftig durch. Giessen Sie den Inhalt durch ein Barsieb in die vorgekühlten Stielgläser. Bestreuen Sie die Drinks mit ein wenig Muskat.

Champagner Flip
Stimulierend, prickelnd

2 Eigelb
4 cl Rahm
2 cl Zuckersirup
2 cl Brandy
Champagner

Garnitur
geriebene Muskatnuss

Shaker, Eiswürfel, 2 Champagnergläser

Schütteln Sie alle Zutaten ausser dem Champagner zusammen mit Eiswürfeln im Shaker kurz und kräftig durch. Giessen Sie den Inhalt durch ein Barsieb in die vorgekühlten Champagnergläser. Füllen Sie die Gläser vorsichtig mit Champagner auf und bestreuen Sie die Drinks mit ein wenig Muskat.

Er quatschte mich in einem Geschäft an, ein schöner junger Mann. Meine über zwanzigjährige Ehe war kürzlich zerbrochen. Niemand wartete zuhause auf mich. Deshalb willigte ich ein, mit ihm einen Kaffee zu trinken. Einige Monate später trafen wir uns nach vielen Telefongesprächen wieder. Fünf Stunden lang liebten wir uns. Er hat die Frau in mir, der während der letzten Ehejahre keine Beachtung mehr geschenkt worden war, wieder wachgeküsst. Dafür werde ich ihm bis ans Lebensende dankbar sein.

Olga, 46, Event Manager

Hathor's Temptation (Flip)

8 cl Feigenlikör (siehe Grundrezept Seite 105)
4 cl Cognac
2 Eigelb
4 cl Rahm
1 kleine Messerspitze Safran
Zucker nach Geschmack

Garnitur
1 kleiner Hauch Safran
rote Beerenfrüchte wie Kirschen oder Johannisbeeren am Stiel, je nach Saison

Schmiegsam, kräftigend

Shaker, Eiswürfel, 2 Champagnerkelche

Schütteln Sie alle Zutaten zusammen mit Eiswürfeln im Shaker kurz und kräftig durch. Giessen Sie den Inhalt durch ein Barsieb in die vorgekühlten Champagnerkelche. Streuen Sie einen Hauch Safran auf die Drinks und zeichnen Sie vorsichtig mit einem Zahnstocher eine Sonne.

PS Hathor ist die altägyptische Göttin der Liebe, Schönheit und Freude. Unter ihrem Einfluss stehen kleine Liebeleien und brennende Leidenschaft. Der Safran symbolisiert mit der aufgehenden Sonne den Sonnengott Re.

PPS Danke, Martin, für das wunderbare Rezept.

Rock Me Baby (Flip) ♥

4 cl Chilielixier (siehe Seite 104) oder Wodka
6 cl Cointreau
8 cl Orangensaft
2 cl Zuckersirup
4 cl Rahm
2 Eigelb

Garnitur
geriebene Muskatnuss

Feurig, belebend

Shaker, Eiswürfel, 2 Stielgläser

Schütteln Sie alle Zutaten zusammen mit Eiswürfeln im Shaker kurz und kräftig durch. Giessen Sie den Inhalt durch ein Barsieb in die vorgekühlten Stielgläser. Bestreuen Sie die Drinks mit ein wenig Muskat.

Stay-ups Egg-Nog

Stay-ups Egg-Nog ♥

Bekömmlich, kräftigend

2 frische Eier
4 cl Brandy
4 cl Toffee-Likör
4 Teelöffel Zucker
20 cl Milch
4 cl Rahm, nach Belieben

Garnitur
geriebene Muskatnuss

Shaker, Eiswürfel, 2 Longdrinkgläser

Schütteln Sie alle Zutaten zusammen mit Eiswürfeln im Shaker sehr kräftig durch, damit sich die Eier mit den übrigen Zutaten mischen. Giessen Sie den Inhalt durch ein Barsieb in die Longdrinkgläser und bestreuen Sie die Drinks mit Muskat.

Tipp Der Drink wird feiner, wenn Sie ihn im Mixer zubereiten.

Tender Love Egg-Nog ♥

Nahrhaft, tonisierend

2 frische Eier
4 cl Ginsengelixier (siehe Seite 106) oder Cachaça
4 cl Brandy
4 cl Amarula
4 Teelöffel Honig oder Zucker
20 cl Milch
4 cl Rahm, nach Belieben

Garnitur
geriebene Muskatnuss

Shaker, Eiswürfel, 2 Longdrinkgläser

Schütteln Sie alle Zutaten zusammen mit Eiswürfeln im Shaker sehr kräftig durch, damit sich die Eier mit den übrigen Zutaten mischen. Giessen Sie den Inhalt durch ein Barsieb in die Longdrinkgläser und bestreuen Sie die Drinks mit Muskat.

Tipp Der Drink wird feiner, wenn Sie ihn im Mixer zubereiten.

Mein sinnlichstes Erlebnis ist, nackt im Meer zu schwimmen, in der Brandung zu liegen, die Elemente des Lebens hautnah zu spüren.
Mein intensivstes Erlebnis war die Geburt des Lebens, die Geburt meiner geliebten Tochter.

Anja, 37, Psychologin

Pousse-Cafés

Bei Pousse-Cafés werden mehrere verschiedenfarbige Zutaten getrennt voneinander in ein Glas gegossen, die spezifisch schwerste Zutat zuerst, dann die anderen schichtweise darauf. Es ist nicht ganz einfach, das Glas so aufzufüllen, dass sich die Zutaten nicht miteinander vermischen. Sobald Sie die Kunst gemeistert haben, werden Sie Ihre Freude daran haben, denn Pousse-Cafés sehen umwerfend aus.

Tönen nicht schon die Bezeichnungen dieser Gruppe von Drinks erotisch? Noch erotischer wird es, wenn Sie sich die Zutaten ansehen. Und schon dreht sich die Spirale von Erwartung, Vorfreude und Lust, bis Sie nach dem Genuss eines der folgenden Drinks ein unbändiges Verlangen spüren, dem Sie sich mit Ihrem Liebsten, Ihrer Liebsten hingeben.

Angel's Kiss

8 cl Crème de Cacao, braun
4 cl Rahm

Bekömmlich, lieblich

2 Cocktailgläser oder -schalen, 1 Bar- oder Teelöffel

Verteilen Sie den Crème de Cacao in die zwei Gläser und lassen Sie den Rahm vorsichtig über den Rücken eines Teelöffels auf den Likör fliessen, ohne dass sich die beiden Flüssigkeiten mischen.

Ein nächtlicher Motorradausflug in den Bergen über der lichtergesäumten ligurischen Küste mit einem Zwischenhalt – inspiriert vom Duft eines noch sonnenwarmen Basilikumfeldes – für ein spontanes Schäferstündchen unter freiem Himmel auf dem geländerlosen Balkon eines noch unfertigen Neubaus, wo mein Begleiter seine Jacke auf dem Boden ausbreitete ...

Sophie, 39, Küchenhilfe

Bumsalabum ♥

4 cl Ananas-Kokossirup
oder Zitronensirup

4 cl Kaffeelikör

4 cl Crème de Menthe, grün

4 cl Amarula

Exotisch, raffiniert

2 Shotgläser, 1 Bar- oder Teelöffel

Geben Sie alle Zutaten der Reihe nach vorsichtig in Schichten in zwei kleine Shotgläser, indem Sie die Flüssigkeiten über den Rücken eines Bar- oder Teelöffels in die Gläser fliessen lassen. Spülen Sie nach jeder Zutat den Löffel kurz ab. Die Flüssigkeiten sollten sich nicht mischen.

PS Diesen Drink kreierte ich für eine verflossene Liebe, die in allen Belangen des Lebens überschäumend und unersättlich war. Für jede Schicht gab es eine leidenschaftliche Umarmung ... Wenn alle Schichten einverleibt waren, begannen wir einfach wieder von vorne ...

French Pousse-Café

4 cl Erdbeerlikör

4 cl Anisette

4 cl Curaçao blue

Lieblich

2 Shotgläser, 1 Bar- oder Teelöffel

Verteilen Sie den Erdbeersirup gleichmässig in die Shotgläser. Dann giessen Sie vorsichtig den Anisette darüber, indem Sie einen Löffel mit dem Rücken nach oben innen an den Glasrand halten und die Flüssigkeit darüber laufen lassen. Spülen Sie den Löffel kurz ab und wiederholen Sie das Ganze mit dem Curaçao blue. Die einzelnen Schichten dürfen sich nicht mischen.

Girl's Kiss ♥

3 cl Maraschino
3 cl Crème de Mûres sauvages
3 cl Curaçao
3 cl Chartreuse, grün
3 cl Bénédictine

Herzhaft

2 Shotgläser, 1 Bar- oder Teelöffel

Geben Sie alle Zutaten der Reihe nach vorsichtig in Schichten in zwei kleine Shotgläser, indem Sie die Flüssigkeiten über den Rücken eines Bar- oder Teelöffels in die Gläser fliessen lassen. Spülen Sie nach jeder Zutat den Löffel kurz ab. Die Flüssigkeiten sollten sich nicht mischen.

Kiss with Love ♥

8 cl Eiercognac
4 cl Crème de Vanille
4 cl Kirsch

Neckisch, stimulierend

2 Shotgläser, 1 Bar- oder Teelöffel

Geben Sie alle Zutaten der Reihe nach vorsichtig in Schichten in zwei kleine Shotgläser, indem Sie die Flüssigkeiten über den Rücken eines Bar- oder Teelöffels in die Gläser fliessen lassen. Spülen Sie nach jeder Zutat den Löffel kurz ab. Die Flüssigkeiten sollten sich nicht mischen.

Liebesgedicht ♥

4 cl Crème de Vanille
4 cl Curaçao
4 cl Bénédictine

Tonisierend

2 Shotgläser, 1 Bar- oder Teelöffel

Geben Sie alle Zutaten der Reihe nach vorsichtig in Schichten in zwei kleine Shotgläser, indem Sie die Flüssigkeiten über den Rücken eines Bar- oder Teelöffels in die Gläser fliessen lassen. Spülen Sie nach jeder Zutat den Löffel kurz ab. Die Flüssigkeiten sollten sich nicht mischen.

Love ♥

8 cl Maraschino
4 cl Crème de Vanille
4 cl Cognac

Anregend

2 Shotgläser, 1 Bar- oder Teelöffel

Geben Sie alle Zutaten der Reihe nach vorsichtig in Schichten in zwei kleine Shotgläser, indem Sie die Flüssigkeiten über den Rücken eines Bar- oder Teelöffels in die Gläser fliessen lassen. Spülen Sie nach jeder Zutat den Löffel kurz ab. Die Flüssigkeiten sollten sich nicht mischen.

Nach einem frustrierenden Arbeitstag war ich mit der S-Bahn auf dem Heimweg. Eine attraktive Frau schaute mir plötzlich in die Augen, lang und direkt, mit einem Lächeln auf den Lippen. Ich war völlig verwirrt und stolperte wie ein Depp aus dem Zug. Peinlich! Drei Wochen später sah ich sie in einer Disco wieder. Irgendwie schaffte ich es, sie anzusprechen. Das war vor zwei Jahren. Diesen Frühling werden wir heiraten.

Sandro, 26, Elektromonteur

Red Hammer ♥

1 cl Himbeersirup
2 cl Kirsch

Ehrlich, gefällig

2 Shotgläser, 1 Bar- oder Teelöffel

Geben Sie die beiden Zutaten nacheinander vorsichtig in Schichten in zwei kleine Shotgläser. Die Flüssigkeiten sollten sich nicht mischen.

PS Danke, Hanspeter, für das Rezept und die schöne Zeit.

Tipps Dieses Rezept können Sie folgendermassen abwandeln:
Yellow Hammer: mit Zitronensirup
Orange Hammer: mit Orangensirup
Blond Hammer: mit Mandelsirup

Warme Getränke

Warme oder heisse Getränke wärmen nicht nur den Körper, sondern auch die Seele und den Geist. Und wenn sie ausserdem aus erotisierenden Zutaten bestehen, dann erhitzen sie auch das Verlangen. Vor allem in der kalten Jahreszeit sind diese Drinks beliebt, sie eignen sich aber auch sonst als anregendes Getränk untertags, statt eines Kaffees nach dem Essen, an einem verträumten Sonntagnachmittag oder einem kuscheligen, gemütlichen Abend.

Heat in the Cellar ♥

2–4 Zweiglein frische Pfefferminze
25 cl heisses Wasser
brauner Zucker oder Honig nach Geschmack
8 cl Feigenlikör (siehe Seite 105)
2 Limettenscheiben

Tonisierend, gefällig

2 Stiel- oder Teegläser

Lassen Sie die Pfefferminze im heissen Wasser 5–10 Minuten ziehen. Süssen Sie den Tee nach Ihrem Geschmack. Verteilen Sie den Likör in zwei vorgewärmte Gläser und giessen Sie den heissen Tee darüber. Lassen Sie die Limettenscheiben in die Drinks gleiten.

Hot Pants ♥

8 cl Eiercognac
25 cl Rotwein

Tonisierend, schmiegsam

2 Stielgläser

Schlagen Sie den Eiercognac im heissen Wasserbad, bis er dicklich wird. Giessen Sie langsam unter ständigem Rühren mit dem Schneebesen den Rotwein dazu. Wenn das Getränk heiss ist (es darf aber nicht sieden, sonst scheiden sich die Bestandteile), giessen Sie es in die vorgewärmten Gläser.

Hot Shot

4 cl Galliano
4 cl heisser Kaffee
leicht geschlagener Rahm

Aromatisch, stimulierend

2 Stielgläser

Verteilen Sie den Galliano in die Gläser und giessen Sie vorsichtig den Kaffee dazu. Setzen Sie eine Haube Rahm darauf.

Irish Coffee

8 cl Irish Whiskey
2–4 Teelöffel brauner Zucker
2 Tassen heisser Kaffee
leicht geschlagener Rahm

Bekömmlich, klassisch

2 Stielgläser

Verteilen Sie alle alle Zutaten ausser dem Rahm in die vorgewärmten Gläser und rühren Sie gut um. Setzen Sie eine Haube Rahm darauf.

Tipps Dieses Rezept können Sie folgendermassen abwandeln:
Italian Coffee: mit Amaretto
Marnissimo: mit Grand Marnier
Café Bénédictine: mit Bénédictine
Café Royal: mit Chartreuse
Pharisäer: mit braunem Rum

Ruth's Bed ♥

6 cl Ginsengelixier (siehe Seite 106)
6 cl Kokoslikör
24 cl heisse Schokolade
6 Cocktailkirschen
flaumig geschlagener Rahm

Garnitur
Schokoladenraspel

Verführerisch, anschmiegsam

2 Stielgläser

Verteilen Sie das Ginsengelixier und den Kokoslikör in die Gläser. Giessen Sie die heisse Schokolade dazu und lassen Sie je 3 Cocktailkirschen auf den Grund der Gläser gleiten. Legen Sie eine Decke Rahm darüber. Zur Garnitur streuen Sie sanft einige Schokoladenraspel darüber.

Steamy Window ♥
Erregend

6 cl Vanillelikör
(siehe Seite 109)
6 cl Bündner Röteli oder Kirschlikör
(Cherry Brandy)
2 Tassen heisser Kaffee
2 kleine Kugeln Vanilleglace (-eis)

2 Stielgläser

Verteilen Sie die beiden Liköre in zwei vorgewärmte Stielgläser, füllen Sie diese mit dem heissen Kaffee auf und geben Sie je eine Kugel Vanilleglace darauf.

Wotsch en Kafi? ♥
Verlockend, ehrlich

4 cl Red-Orange-Likör
4 cl Crème de Cacao, braun
2 Tassen heisser Kaffee
leicht geschlagener Rahm

2 Stielgläser

Verteilen Sie die beiden Liköre und den Kaffee in die vorgewärmten Stielgläser. Rühren Sie um und setzen Sie den Rahm darauf.

PS Meine Mutter meinte manchmal seufzend, dass es Liebende in anderen Ländern bedeutend einfacher hätten als wir Schweizer. Die Italiener hauchen «Ti amo», die Spanier schmachten «Te quiero», die Franzosen flüstern «Je t'aime», die Engländer säuseln «I love you». Für die Schweizer habe der liebe Gott nichts dergleichen erfunden, und deshalb bleibe ihnen nur ein mickriges «Wotsch en Kafi?», um jemandem ihre glühende Liebe zu bekunden. Also, liebe Nicht-Schweizer, wenn Sie diese Frage das nächste Mal hören, wissen Sie Bescheid.

Warme Getränke

Wotsch en Kafi?

Liebeselixiere

Die folgenden Liebeselixiere sind alles hochkarätige Aphrodisiaka mit speziellen Zutaten aus der Apotheke. Es lohnt sich, ein paar Elixiere auf Vorrat herzustellen, damit Sie immer eine Auswahl zur Hand haben. Falls Ihnen einmal das richtige Elixier fehlt, lässt es sich aber auch durch normale, handelsübliche Produkte ersetzen (in den Rezepten finden Sie jeweils die entsprechenden Angaben). Mit dem richtigen Ambiente wird Ihnen der Erfolg auch so sicher sein.

Folgen Sie bei der Zubereitung der Elixiere Ihrem persönlichen Geschmack. Da viele der Ingredienzen Bitterstoffe enthalten, entscheiden Sie selbst, wie lange Sie das Elixier reifen lassen wollen. Eine gelegentliche Kostprobe ist ratsam. Alkoholische Getränke sind nahezu unbeschränkt haltbar. Wenn allerdings nur noch wenig Flüssigkeit in der Flasche ist, verflüchtigt sich der Alkohol allmählich.

Chilielixier

1 Flasche Wodka (75 cl)

1 frische rote Chilischote

Legen Sie die gewaschene, der Länge nach eingeschnittene und entkernte Chilischote in den Wodka und lassen Sie die Flasche mindestens zwei Wochen ruhen. Geniessen Sie jeden Tag ein kleines Schnapsgläschen davon. Diese Kur soll ein erloschenes Liebesfeuer wieder neu entfachen können. Oder Sie verwenden das Elixier für feurige Mixgetränke auf Wodkabasis.

Heiss war es an diesem Mittwochnachmittag im Juni. Keine Lust zum Arbeiten, dafür umso mehr Lust auf Sex. Ich verabredete mich mit «Hurricane» zu einem Drink. Das Eis im Gin Tonic war noch nicht einmal geschmolzen, als wir die Bar wieder verliessen, um endlich unsere angestaute Lust zu entladen. Wir stahlen uns an meinem Arbeitsplatz in den Keller und dort, inmitten von Kartonschachteln und Werbematerial, fanden wir zusammen den Himmel auf Erden.

Sugar, 44

Damianaelixier ♥

½ Zimtstange
½ Teelöffel Macis (Muskatblüte)
1 Vanilleschote
15 g Damianablätter
700 ml weisser Rum

Geben Sie die trockenen Zutaten mit 200 ml Rum in einen Topf und bingen Sie diesen bis bis kurz vor den Siedepunkt. Setzen Sie einen gut schliessenden Deckel auf und lassen Sie das Elixier über Nacht ziehen. Am nächsten Tag giessen Sie das Damianaelixier mit dem restlichen ½ Liter Rum in eine saubere Flasche und lassen es gut verschlossen einige Tage reifen. Dann sieben Sie das Elixier durch ein feinmaschiges Tüchlein in eine saubere Flasche und versehen diese mit der Angabe des Inhalts und des Datums.

Feigenelixier

1 l Wodka
1 Vanillestengel
abgeriebene Schale von 1 ungespritzten Zitrone und 1 ungespritzten Orange
1 kleine Ingwerwurzel
10 Kaffeebohnen
500 g getrocknete Feigen bester Qualität
10 grüne Pfefferkörner

Erhitzen Sie 300 ml Wodka mit dem Vanillestengel, der abgeriebenen Zitrusfruchtschale, dem in Scheiben geschnittenen Ingwer und den zerdrückten Kaffeebohnen. Lassen Sie das Ganze knapp unter dem Siedepunkt 15 Minuten ziehen. Fügen Sie die Hälfte der in kleine Stücke geschnittenen Feigen und die zerdrückten Pfefferkörner hinzu und lassen Sie diesen Sud zugedeckt über Nacht abkühlen. Am nächsten Tag fügen Sie die restlichen 700 ml Wodka hinzu, giessen das Elixier in ein Glasgefäss mit Deckel und lassen es 4 Wochen bei Zimmertemperatur und Tageslicht ziehen. Rühren Sie die Mischung täglich um.
Nach 4 Wochen sieben Sie das Elixier am besten durch ein feinmaschiges Tuch ab; die Rückstände gut ausdrücken, um die in den Feigen enthaltene Flüssigkeit nicht zu verlieren. Geben Sie nun die restlichen 250 Gramm klein geschnittene Feigen hinzu und lassen Sie das Ganze wieder im zugedeckten Glasgefäss bei Zimmertemperatur und Tageslicht ziehen. Rühren Sie das Elixier wiederum täglich um.
Nach 8 Wochen ist das Feigenelixier fertig

gereift. Sieben Sie es durch ein sauberes feinmaschiges Tuch und drücken Sie die Rückstände wiederum gut aus. Giessen Sie das Feigenelixier in eine saubere Flasche und versehen Sie diese mit der Angabe des Inhalts und des Datums.

PS Kreation Martin Schmidli. Herzlichen Dank, lieber Martin.

Fo-ti-tieng-Elixier ♥

15 g Fo-ti-tieng
5 g Colanuss, nach Belieben
700 ml Wodka

Geben Sie das Fo-ti-tieng und die Colanuss mit 200 ml Wodka in einen Topf und bringen Sie diesen bis kurz vor den Siedepunkt. Setzen Sie einen gut schliessenden Deckel auf und lassen Sie das Elixier über Nacht ziehen. Am nächsten Tag giessen Sie das Fo-ti-tieng-Elixier mit dem restlichen ½ Liter Wodka in eine saubere Flasche und lassen es gut verschlossen einige Tage reifen. Dann sieben Sie das Fo-ti-tieng-Elixier durch ein feinmaschiges Tüchlein in eine saubere Flasche und versehen diese mit der Angabe des Inhalts und des Datums.

Ginsengelixier ♥

1 Ginsengwurzel oder 1 EL Ginseng, klein geschnitten
1 Vanilleschote
700 ml Cachaça oder Rum

Geben Sie alle Zutaten mit 200 ml Cachaça oder Rum in einen Topf und bringen Sie diesen bis kurz vor den Siedepunkt. Setzen Sie einen gut schliessenden Deckel auf und lassen Sie das Ganze über Nacht abkühlen. Giessen Sie dann das Elixier mit dem Ginseng, der Vanilleschote und dem restlichen ½ Liter Cachaça oder Rum in eine saubere Flasche und lassen Sie es gut verschlossen einige Tage reifen. Dann sieben Sie das Ginsengelixier durch ein feinmaschiges Tüchlein in eine saubere Flasche und versehen diese mit der Angabe des Inhalts und des Datums.

Ginsengwein ♥

1 Ginsengwurzel oder
1 EL Ginseng, fein geschnitten
1 Flasche (75 cl) Reiswein

Geben Sie den Ginseng in eine gut verschliessbare, saubere Flasche und giessen Sie mit dem Reiswein auf. Lassen Sie das Elixier an einem warmen Ort einen Monat reifen.
Trinken Sie täglich ein Gläschen Ginsengwein, bis die Flasche leer ist. Dann füllen Sie die Flasche wieder auf und lassen Sie das Ganze wiederum einen Monat reifen. Es heisst, man könne eine Gingsengwurzel dreizehn Mal aufgiessen, bevor sie ausgelaugt ist. Ginseng sollte wie Fo-ti-tieng täglich eingenommen werden, um seine Wirkung entfalten zu können. Deshalb ist es ratsam, in kurzen Abständen zwei oder mehrere Flaschen anzusetzen. So haben Sie immer eine Flasche reifen Ginsengweins zur Hand.
Versehen Sie die Flaschen mit dem Herstellungsdatum und machen Sie bei jedem neuen Auffüllen einen kleinen Strich. Wenn 13 Striche beisammen sind, ist es Zeit, sich eine neue Ginsengwurzel zu besorgen.

Hanfelixier ♥

5 g Hanf erster Güteklasse
500 ml Wodka, Rum oder Brandy

Erhitzen Sie in einem kleinen Pfännchen 100 ml der verwendeten Spirituose mit dem Hanf und bringen Sie es bis kurz vor den Siedepunkt. Setzen Sie einen gut schliessenden Deckel auf und lassen Sie das Ganze über Nacht abkühlen. Giessen Sie am nächsten Tag den restlichen Wodka, Rum oder Brandy dazu und lassen Sie das Elixier mindestens eine Woche reifen. Giessen Sie nun das Elixier, nach Belieben durch ein feinmaschiges Tüchlein gesiebt, in eine saubere Flasche und versehen Sie diese mit der Angabe des Inhalts und des Datums.

PS Geben Sie etwas von diesem Elixier in eine Tasse Tee oder Kaffee. Oder beträufeln Sie ein Stück Zucker damit und geniessen Sie es als Digestif (meine Grossmutter liebte dies als süssen Abschluss nach dem Essen – zugegeben, ohne Hanfzugabe – und nannte es Canard). Die Hanfwirkung wird sich erst etwa eine Stunde nach der Einnahme bemerkbar machen.

Kawa-Kawa-Elixier ♥

15 g Kawa-Kawa-Wurzel
700 ml Cachaça oder Rum

Geben Sie die Kawa-Kawa-Wurzel mit 200 ml Cachaça oder Rum in einen Topf und bringen Sie diesen bis kurz vor den Siedepunkt. Setzen Sie einen gut schliessenden Deckel auf und lassen Sie das Elixier über Nacht ziehen. Am nächsten Tag giessen Sie das Kawa-Kawa-Elixier mit dem restlichen ½ Liter Cachaça oder Rum in eine saubere Flasche und lassen es gut verschlossen einige Tage reifen. Dann sieben Sie das Elixier durch ein feinmaschiges Tüchlein in eine saubere Flasche und versehen diese mit der Angabe des Inhalts und des Datums.

Labsal-Likör ♥

½ l Wasser
150 g Zucker
10 g Ingwer, in feine Scheiben geschnitten
1 Messerspitze Safranfäden
1 Schalenspirale von einer ungespritzten Zitrone
½ l Wodka

Kochen Sie das Wasser mit dem Zucker, dem Ingwer, den Safranfäden und der Zitronenschale auf. Setzen Sie einen gut schliessenden Deckel auf und lassen Sie das Ganze über Nacht abkühlen. Am nächsten Tag geben Sie den Wodka hinzu und lassen das Ganze eine Woche reifen. Dann sieben Sie das Elixier durch ein feinmaschiges Tüchlein in eine saubere Flasche und versehen diese mit der Angabe des Inhalts und des Datums.

Muira-Puama-Elixier ♥

1–2 Stück Galgantwurzel
15 g Muira Puama
5 g Selleriesamen
700 ml Wodka

Zerquetschen Sie die Galgantwurzel im Mörser oder mit dem Stiel des Küchenmessers, um das Aroma freizusetzen. Geben Sie die Zutaten mit 200 ml Wodka in einen Topf und bringen Sie diesen bis kurz vor den Siedepunkt. Setzen Sie einen gut schliessenden Deckel auf und lassen Sie das Elixier über Nacht ziehen. Am nächsten Tag giessen Sie das Muira-Puama-Elixier mit dem restlichen ½ Liter Wodka in eine saubere Flasche und lassen es gut verschlossen einige Tage reifen. Dann sieben Sie das Elixier durch ein feinmaschiges Tüchlein in eine saubere Flasche und versehen diese mit der Angabe des Inhalts und des Datums.

Tipp Galgantwurzel ist frisch in Asienläden und getrocknet in gut sortierten Lebensmittelgeschäften erhältlich.

Vanillelikör ♥

700 ml Wodka
150 g Zucker
8 Vanilleschoten, der Länge nach aufgeschlitzt

Erhitzen Sie in einem kleinen Pfännchen 100 ml Wodka mit dem Zucker und den Vanilleschoten bis kurz vor den Siedepunkt. Setzen Sie einen gut schliessenden Deckel auf und lassen Sie das Ganze über Nacht abkühlen. Giessen Sie am nächsten Tag den restlichen Wodka dazu und lassen Sie das Elixier mindestens eine Woche reifen. Giessen Sie nun das Elixier, nach Belieben durch ein feinmaschiges Tüchlein gesiebt, in eine saubere Flasche und versehen Sie diese mit der Angabe des Inhalts und des Datums.

Drinks ohne Alkohol

Kalte Getränke mit Früchten

Frisch, fruchtig und prall voll mit Vitaminen kommen die folgenden Rezepte daher. Trinken Sie diese vor Ihren geplanten Liebesaktivitäten.

Arts of Love ♥

Fruchtig, bekömmlich

1 Mango, Fruchtfleisch klein geschnitten
8 cl Limettensaft
1 Teelöffel Zucker
1 Teelöffel abgeriebene Limettenschale
1 Messerspitze Vanillepulver, nach Belieben

Garnitur
2 Limettenscheiben

Mixer, Eiswürfel, 2 Longdrinkgläser

Mixen Sie alle Zutaten mit etwa 6 Eiswürfeln im Mixer durch und giessen Sie den Inhalt in die Gläser. Nach Belieben geben Sie noch etwas Eis dazu. Garnieren Sie die Drinks mit den Limettenscheiben.

Can't stop ♥

Würzig, nahrhaft

1 Avocado
4 cl Limettensaft
Salz und Pfeffer
1 Hauch Knoblauch, nach Belieben
4 cl Cream of Coconut
eisgekühlte Milch zum Auffüllen

Garnitur
2 Limettenscheiben

Mixer, Eiswürfel, 2 Longdrinkgläser

Mixen Sie alle Zutaten mit etwa 6 Eiswürfeln im Mixer durch und giessen Sie den Inhalt in die Gläser. Nach Belieben geben Sie noch etwas Eis dazu. Garnieren Sie die Drinks mit den Limettenscheiben.

Can't stop

Coco's secret Dream ♥
Raffiniert

2 cl Schokoladen- oder Kokosnusssirup
5 cl Cream of Coconut
5 cl Rahm
1–2 Teelöffel Zucker, nach Belieben

Garnitur
Schokoladenraspel

Shaker, Eiswürfel, 2 Tumbler

Schütteln Sie alle Zutaten zusammen mit Eiswürfeln im Shaker kurz und kräftig durch. Giessen Sie den Inhalt durch ein Barsieb in die vorgekühlten Tumbler. Garnieren Sie die Drinks mit den Schokoladenraspeln.

Fig Leaf ♥
Leicht, anregend

4 cl Feigenessig
8 cl Orangensaft

Shaker, Eiswürfel, 2 Cocktailgläser

Schütteln Sie die beiden Zutaten zusammen mit Eiswürfeln im Shaker kurz und kräftig durch. Giessen Sie den Inhalt durch ein Barsieb in die vorgekühlten Cocktailgläser.

Potion d'amour ♥
Ehrlich, einladend

400 g Melonenfleisch
2 Teelöffel Honig
2 Teelöffel Limetten- oder Zitronensaft
eiskaltes Wasser nach Bedarf

Mixer, Eiswürfel, 2 Cocktailgläser

Mixen Sie alle Zutaten mit etwa 6 Eiswürfeln im Mixer durch und giessen Sie den Inhalt in die Gläser. Nach Belieben geben Sie noch etwas Eis dazu.
Falls die Masse zu dickflüssig ist, geben Sie noch ein wenig kaltes Wasser hinzu.

Succulence ♥
Verlockend

4 cl Passionsfruchtsaft
4 cl Ananassaft
4 cl Limettensaft
16 cl Orangensaft

Shaker, Eiswürfel, 2 Longdrinkgläser

Garnitur
2 Orangenscheiben
2 Cocktailkirschen
2 Cocktailspiesse

Schütteln Sie alle Zutaten zusammen mit Eiswürfeln im Shaker kurz und kräftig durch. Sieben Sie den Inhalt durch ein Barsieb in die Longdrinkgläser und garnieren Sie diese mit den Orangenscheiben und Cocktailkirschen.

Summer of Love ♥
Harmonisch

4 cl Erdbeersirup
4 cl Cranberrysaft
10 cl Ananassaft
10 cl Cream of Coconut

Mixer, Eiswürfel, 2 Cocktailgläser

Garnitur
2 Zweiglein Pfefferminze

Mixen Sie alle Zutaten mit etwa 6 Eiswürfeln im Mixer durch und seihen Sie den Inhalt durch ein Küchensieb in die Gläser. Nach Belieben geben Sie noch etwas Eis dazu. Garnieren Sie die Drinks mit den Pfefferminzzweigen.

Virgin life of Roses
Raffiniert, verführerisch

24 cl starker Hagenbuttentee, gekühlt
4 getrocknete Peperoncini (Pfefferschoten), nach Belieben
4 cl Rosensirup (Reformhaus)
4 Spritzer Limonensaft, frisch gepresst

2 Champagnerkelche

Bereiten Sie den Hagebuttentee mit den Peperoncini zu. Verteilen Sie den Rosensirup in die Gläser und geben Sie je 2 Spritzer Limonensaft dazu. Füllen Sie nun langsam mit dem Hagebuttentee auf, so dass ein Teil des Sirups unten im Glas bleibt; das ergibt beim Austrinken einen letzten süssen Schluck – die beste Voraussetzung für einen schönen Kuss. Reissen Sie die Rosenblätter von unten leicht ein und setzen Sie sie auf den Glasrand.

Garnitur
6 Blütenblätter einer Garten- oder Wildrose

PS Herzlichen Dank, liebe Edith Zweifel, für dieses anregende Rezept.

Milchmixgetränke

In diesem Kapitel werden Sie richtige Power-Drinks kennen lernen. Nach ihrem Genuss ist Ihr Körper zu Höchstleistungen bereit. Worauf warten Sie noch?

Banana Milkshake
Gehaltvoll

1 Banane
40 cl kalte Milch
2 Kugeln Vanilleglace (-eis)
2 Esslöffel Zucker oder Honig

Mixer, 2 Longdrinkgläser

Mixen Sie alle Zutaten im Mixer durch und giessen Sie den Inhalt in die Gläser.

Erdbeer-Milkshake
Bekömmlich

150 g Erdbeeren
40 cl kalte Milch
8 cl Erdbeersauce oder -sirup
2 Kugeln Erdbeerglace (-eis)

Mixer, 2 Longdrinkgläser

Mixen Sie alle Zutaten im Mixer durch und giessen Sie den Inhalt in die Gläser.

Kaffee-Guarana-Milkshake
Tonisierend

2 Portionen starker Espresso, ausgekühlt oder 2 Teelöffel gefriergetrockneter Kaffee, in wenig heissem Wasser aufgelöst
40 cl kalte Milch
2 Kugeln Mokkaglace (-eis)
2 Teelöffel Guarana

Mixer, 2 Longdrinkgläser

Mixen Sie alle Zutaten im Mixer durch und giessen Sie den Inhalt in die Gläser.

Mango-Milkshake
Erquickend, frisch

1 Mango, Fruchtfleisch in kleinen Stücken
30 cl kalte Milch
1 Teelöffel Zitronensaft
2 Kugeln Mango- oder Vanilleglace (-eis)

Mixer, 2 Longdrinkgläser

Mixen Sie alle Zutaten im Mixer durch und giessen Sie den Inhalt in die Gläser.

Schokoladen-Guarana-Milkshake
Erregend, kräftigend

40 g Schokolade, in wenig heissem Wasser aufgelöst (oder in der Mikrowelle geschmolzen)
40 cl kalte Milch
2 Kugeln Schokoladenglace (-eis)
2 Teelöffel Guarana

Mixer, 2 Longdrinkgläser

Mixen Sie alle Zutaten im Mixer durch und giessen Sie den Inhalt in die Gläser.

Tomaten-Milkshake
Würzig

20 cl Tomatensaft
20 cl kalte Milch
1 Teelöffel Basilikum, fein gehackt
Salz, Pfeffer, Tabasco

Shaker, Eiswürfel, 2 Longdrinkgläser

Schütteln Sie alle Zutaten zusammen mit Eiswürfeln im Shaker kurz und kräftig durch. Giessen Sie den Inhalt durch ein Barsieb in die vorgekühlten Longdrinkgläser.

Warme Getränke

Die folgenden Getränke wärmen Körper, Geist und Seele. Da sie keinen Alkohol enthalten, können sie jederzeit genossen werden. Sie stimulieren auf angenehme Weise, ohne das Wahrnehmungsvermögen zu beeinflussen.

Espresso Love ♥
Anregend, kräftig

2 Teelöffel gemahlener türkischer Kaffee
1 Teelöffel gemahlener Kardamom
2 Teelöffel Honig, nach Belieben
2 Mokkatässchen Wasser

2 Mokkatassen

Geben Sie alle Zutaten in einen kleinen Topf (oder besser in einen Behälter für türkischen Kaffee), rühren Sie die Zutaten um und erhitzen Sie alles bei mässiger Hitze. Sobald der Kaffee aufschäumt, giessen Sie ihn in zwei vorgewärmte Mokkatässchen.

Zur Abwechslung können Sie auch mit Zimt würzen, der ebenfalls eine aphrodisierende Wirkung hat.

ganzkörpermassage in einem hamam. teilweise hart an der schmerzgrenze, war sie so intensiv, dass ich glaubte, jeden muskel und jede faser meines körpers zu spüren. dazu der geruch des massageöls, das geräusch von badenden menschen und die dunkelheit, die nur durch einen durch ein loch in der kuppel einfallenden sonnenstrahl durchbrochen wurde.

boris, 25, hobbybeizer

Oriental Love

Hot Ginger ♥

50 cl Wasser
2 Teelöffel Damianakraut
6 Scheiben Ingwer
2 Esslöffel Honig oder brauner Zucker

Wärmend, entspannend

2 Teegläser oder -tassen

Bringen Sie das Wasser mit dem Damianakraut, dem Ingwer und dem Honig oder Zucker zum Kochen und lassen Sie das Ganze 10–15 Minuten unter dem Siedepunkt ziehen. Seihen Sie den Inhalt in zwei vorgewärmte Teegläser und geniessen Sie den Drink an einem kühlen Abend.

Longing for my Love ♥

25 cl Tomatensaft
10 cl Wasser
½ Teelöffel Ginsengpulver
1 Stück Peperoncini (Pfefferschote), nach Geschmack
Selleriesalz, Pfeffer

Pikant, würzig

2 Teegläser oder -tassen

Erhitzen Sie den Tomatensaft mit dem Wasser, dem Ginsengpulver und der Peperoncini. Würzen sie das Getränk nach Geschmack und giessen Sie es in die vorgewärmten Gläser.

Oriental Love ♥

40 cl frisch gepresster Orangensaft
1 Esslöffel Honig
¼ Stange Zimt
2 Gewürznelken
1 Stück kandierter Ingwer, gerieben

Garnitur
wenig Muskatnuss

Eine Portion Exotik zu jeder Tageszeit

2 Teegläser oder -tassen

Kochen Sie alle Zutaten zusammen auf und lassen Sie das Ganze 10 Minuten ziehen. Seihen Sie das Getränk in zwei vorgewärmte Teegläser und streuen Sie einen Hauch Muskatnuss darüber.

VÜM ♥

Wärmend, am Morgen oder Nachmittag zu geniessen

50 cl Milch
1 Vanilleschote
2 Esslöffel Kakaopulver
10 cl Wasser
2–3 Esslöffel Honig
1 Messerspitze Cayennepfeffer

Garnitur
wenig Muskatnuss

2 Teegläser oder -tassen

Kochen sie die Milch mit der Vanilleschote auf und lassen sie das Ganze 10 Minuten ziehen. Nehmen Sie die Vanilleschote heraus, halbieren Sie sie der Länge nach und kratzen Sie die Samen heraus. Verrühren Sie diese mit Kakao und Wasser und geben Sie diese Mischung mit dem Honig und dem Cayennepfeffer zur heissen Milch. Schlagen Sie alles mit einem Schwingbesen schaumig. Giessen Sie das Getränk in zwei vorgewärmte Teegläser und reiben Sie einen Hauch Muskatnuss darüber.

PS Ich habe eine wundervolle Tante und einen wunderbaren Onkel. Sie lieben einander noch heute so leidenschaftlich wie vor fünfzig Jah-ren. Um die Glut am Leben zu erhalten, hinterlassen sie einander kleine Notizen. Eine, die beide besonders lieben, besteht nur aus drei Buchstaben: VÜM. Der Finder weiss sofort: Vögeln über Mittag. Vorfreude, Herzklopfen, glühende Wangen ...

Unsere Hochzeitsreise: Eine Velotour in die Bündner Berge. Fahrrad und Zelt und nur wir zwei. Der Zweite Weltkrieg wütete da draussen, aber er konnte unsere Hingabe für einander nicht schmälern. Wir waren uns einig, vier Kinder sollten es sein, eine grosse Familie für eine grosse Liebe.

Max und Mey

Bezugsquellen und nützliche Adressen

Die folgenden Adressen sollen es Ihnen erleichtern, die benötigten Zutaten und das Zubehör für perfektes Mixen zu erwerben. Die Liste stellt nur eine Einkaufshilfe dar und erhebt keinen Anspruch auf Vollständigkeit.

Alkoholika

Die in diesem Buch erwähnten Getränke sind im gut sortierten Fachhandel erhältlich, wobei allerdings kaum ein Geschäft lückenlos das gesamte Sortiment bietet.

Schweizerischer Spirituosenverband
Amtshausgasse 1
3000 Bern
Tel. + 41 31 312 41 41
E-Mail: info@wineandspirit.ch
www.wineandspirit.ch
Zuerst Spirituosenverband, dann Spirituosenliste anklicken. Hier finden Sie Adressen von Herstellern und Importeuren.

Bundesverband der Deutschen Spirituosen-Industrie und -Importeure (BSI)
Urstadtstrasse 2
53129 Bonn
Tel. +49 2 28/5 39 94-0
E-Mail: bsi-bonn@t-online.de
www.spirituosen-verband.de

Spezielle Zutaten

Fruchtpürees:
Marinello & Co. AG
Markthalle
Aargauerstrasse 1a
8048 Zürich
Tel. +41 43 44 44 500
www.marinello.ch
Kein Postversand, da es sich bei Fruchtpürees um Tiefkühlprodukte handelt. Unter der oben stehenden Telefonnummer erhalten Sie Auskunft, wo die Pürees (Packungsgrösse 1 kg) in ihrer Gegend erhältlich sind.

Für Deutschland unter der Informationsadresse:
E-Mail: cexport@boironfreres.com
www.boironfreres.com

Aphrodisische Kräuter (Damiana, Ginseng usw.):
Berg-Apotheke
Stauffacherstrasse 26
8004 Zürich
Tel. + 41 1 241 10 50
Kräuter, Gewürze, Naturheilmittel. Postversand.

Elixier
Lychener Strasse 5
10437 Berlin
Tel. +49 30 442 60 57
E-Mail: info@elixier.de
www.elixier.de
Kräuter, Samen, Pflanzen, Kräuterstimulanzien, Liköre usw. Postversand.

Cream of Coconut (dicke Kokosnussmilch):
Im gut sortierten Lebensmittelgeschäft oder im Asienladen.

Ingwer kandiert:
In der Asienabteilung von Supermärkten.

Sirup, ausgefallene Sorten:
Im gut sortierten Fachhandel, Lebensmittelabteilung grosser Warenhäuser.
E-Mail: monin@monin-france.com
www.monin.com

Zubehör und Informationen rund ums Mixen

Barzubehör:
Buchecker AG
Alpenquai 28
6002 Luzern
Tel. + 41 41 360 42 44
E-Mail: info@buchecker.ch
www.buchecker.ch

APS
Glass & Bar Supply GmbH
Obenhauptstrasse 1
22335 Hamburg
Tel. +49 40 48 0031-0
E-Mail: info@apssupply.com
www.libbey.de

Tipps und Infos rund ums Mixen:
E-Mail: info@bartender.com
www.bartender.com

Falls Ihr Interesse geweckt wurde, sich zum Barkeeper ausbilden zu lassen:
E-Mail: info@barschule.ch
www.barschule.ch

Adresse der Autorin

Heaven-Sent
Dufourstrasse 72
8008 Zürich
Tel. + 41 1 383 55 35
E-Mail: info@heaven-sent.ch
www.heaven-sent.ch

Rezeptverzeichnis

Drinks mit Alkohol

Champagner-
cocktails
  Ardour of Love 32
  Bellini 34
  Erotica 34
  Heart-Strings 34
  Kirschmund 35
  La vie en rose 35
  Pomme d'amour 36
  R*R 36
  Red Kiss 36
  Romance 38
  Royal Wild
  Strawberry 38
  Schlüpferstürmer 38
  Sea of Love 41
  Tanti Baci 41

Aperitifs
  Adonis 42
  American Beauty 42
  Campari Blossom 45
  Campari Maracuja 45
  Campari Orange 45
  Casanova 46
  Corsage 46
  Foreplay 46
  Incubating Fantasy 46
  Little big Thing 48
  Love-token 48
  Oui ce soir 48
  Peach Velvet 49
  Turn me on 49
  Twilight Love 49
  Wedding Bells 51

Cocktails
  Alex's latest Love 52
  Alexander 53
  Amour fou 53
  Angel Face 54
  B & B 54

Banana Bliss 54
Bedable Beauty 55
Between the Sheets 55
Bloody Mary 56
Blume des Herzens 56
Chocolate Cocktail 58
Cupid's Dart 58
Darlin 58
Delta of Venus 60
First Kiss 60
First Love 60
Forever Yours 61
G-String 61
Golden Dream 61
Golden Wedding ring 62
Heaven-Sent 62
Honey Dew 62
Honeymoon 63
Lady's Dream 63
Latin Lover 64
Lovebite 64
Maid of Honour 64
Margarita 66
Miss you 66
Mojito 66
Paradise 67
Point of No Return 67
Private Lover 67
PS I Love You 68
Red Lips 68
Red Velvet 69
Rêve d'Or 69
Secret Lover 69
Sex Appeal 70
Source de Désir 70
Suprasternal Notch 70
Sweet Dreams 71
Sweet Girl 71
Wild Delight 73
White Lady 73

Longdrinks
und Fancy Drinks
  Down to Earth,
    up to Heaven 74
  Dream Lover 74
  Erotikon 75
  Florida Sling 75
  Heart's Desire 75
  Heaven-Born 77
  Hurricane 77
  Love etc. 77
  Marcos mi amor 78
  Mars & Venus 78
  Night in Blue 78
  Passion Kiss 80
  Romano 80
  Ruth's Secret 80
  Seefeld String 82
  Sensual Aftermath 82
  Sex in the Pantry 82
  Sex on Cardboard
    Boxes 83
  Singapore Sling 83
  Suspender 84
  String Sling 84
  Turn off the Lights 84

Bowlen
  Ananas-Erdbeer-
    Bowle 86
  Erdbeerbowle 86
  Feigen-Trauben-
    Bowle 88
  Maibowle 88
  Pfirsichbowle 88

Flips und Egg-Nogs
  Breakfast Egg-Nog 89
  Butterfly Flip 90
  Champagner Flip 90
  Hathor's Temptation 91
  Rock me Baby 91
  Stay-ups Egg-Nog 93
  Tender Love Egg-Nog 93

Pousse-Cafés
Angel's Kiss 94
Bumsalabum 96
French Pousse-Café 96
Girl's Kiss 97
Kiss with Love 97
Liebesgedicht 97
Love 99
Red Hammer 99

Warme Getränke
Heat in the Cellar 100
Hot Pants 100
Hot Shot 101
Irish Coffee 101
Ruth's Bed 101
Steamy Window 102
Wotsch en Kafi? 102

Liebeselixiere
Chilielixier 104
Damianaelixier 105
Feigenelixier 105
Fo-ti-tieng-Elixier 106
Ginsengelixier 106
Ginsengwein 107
Hanfelixier 107
Kawa-Kawa-Elixier 108
Labsal-Likör 108
Muira-Puama-Elixier 109
Vanillelikör 109

Drinks ohne Alkohol

Kalte Getränke
mit Früchten
Arts of Love 112
Can't Stop 112
Coco's secret Dream 114
Fig Leaf 114
Portion d'amour 114
Succulence 115
Summer of Love 115
Virgin life of Roses 115

Milchmixgetränke
Banana Milkshake 116
Erdbeer-Milkshake 116
Kaffee-Guarana-
   Milkshake 116
Mango-Milkshake 118
Schokoladen-Guarana-
   Milkshake 118
Tomaten-Milkshake 118

Warme Getränke
Espresso Love 119
Hot Ginger 121
Longing for my Love 121
Oriental Love 121
VÜM 122

Dank

Ich danke von Herzen:

Allen meinen Freunden und Bekannten, die mit ihren Beiträgen dieses Buch bereichern.

Den MitarbeiterInnen der Firma Heaven-Sent und meinen Kindern Lucy und Ben für ihre Unterstützung und Nachsicht.

Remo Thörig von der Barfachschule in Zürich für all die wertvollen Informationen, die ich von ihm erhalten habe.

Dem Warenhaus Jelmoli Zürich, das uns viele der abgebildeten Gläser zur Verfügung stellte, und der Geschenkboutique Brual Crazy House, Zürich, das uns die pinkfarbene Sonnenbrille zum Fotografieren auslieh.